KB269588

| 세이프티코드 | 중대재해를 예방하는 핵심전략들

SAFETY-CODE

노정진 지음

왜 사고는 멈추지 않는가?

SAFETY-CODE

20년차 산업현장 안전전문가가 말하는
무재해 비법 대공개!

보이지 않는 위험과 재해를 다루는 50여개의 전략!

가나북스

| 세이프티코드 | 중대재해를 예방하는 핵심전략들

SAFETY-CODE

초판 1쇄 발행   2026년 01월 20일

저　자   노정진
펴낸이   배수현
펴낸곳   가나북스 www.gnbooks.co.kr
디자인   이윤진(디프넷)
출판등록   제393-2009-000012호
주　소   경기도 파주시 율곡로 1406
전　화   031-959-8833
팩　스   031-959-8834

ISBN   979-11-6446-141-7

| 세이프티코드 | 중대재해를 예방하는 핵심전략들

SAFETY-CODE

불안전한 회사를 안전한 회사로 만든다.

나는 20년 가까이 제조, 건설, 기타 다양한 현장에서 안전을 직무로 삼았다. 오로지 무재해를 목표로 안전한 회사와 불안전한 회사를 비교하며, 그 차이를 분석하는 일에 몰두해 왔다. 기업의 안전 수준은 단순한 '관리 항목'이 아니라 기업의 생존과 지속 가능성을 좌우하는 핵심 요소다. 안전을 어떻게 바라보고 관리하는지는 조직의 성과, 신뢰도, 그리고 기업 문화 전체에 깊은 흔적을 남긴다.

안전한 회사의 강점은 분명하다. 체계적인 사고 예방, 철저한 규정 준수, 직원 복지를 중시하는 문화 등은 생산성과 조직 신뢰도를 높이는 원동력이 된다. 반대로 불안전한 회사는 구조적 결함, 관리 부재, 안전 불감증 등으로 인해 사고와 재해가 반복되고, 이는 결국 심각한 경제적 손실과 조직 신뢰 하락으로 이어진다. 두 회사를 비교 분석하는 과정은 무엇을 개선해야 하는지, 어떤 전략이 효과적인지를 명확하게 보여주는 중요한 자료가 된다.

사고의 원인 역시 명확하게 드러난다. 위험 요소에 대한 인지 부족, 교육의 부재, 장비 관리 소홀 등이 대표적이다. 반면 안전한 조직은 위험을 미리 식별하고 통제하기 위한 평가 체계, 대응 매뉴얼, 모니터링 시스템을 갖추고 사고를 원천적으로 차단한다. 이러한 차이는 결국 사고는 예측 가능한 것이며, 예방 또한 가능하다는 사실을 다시금 확인하게 한다.

안전을 대하는 문화와 리더십의 차이는 더욱 극명하다. 안전한 회사는 "안전은 규정보다 가치"라는 철학을 공유하며, 리더가 먼저 실천한다. 반면 불안전한 회사는 안전을 비용으로 인식하고, 생산성 향상을 이유로 이를 후순위로 미룬다. 비용 핑계로 생명을 소홀히 하는 경향이 높다는 말이다. 이는 직원들의 안전 준수 태도와 보고 문화에도 큰 영향을 미친다.

경제적 관점에서도 안전은 투자이며, 결국 이익으로 돌아온다. 사고로 인한 직접 비용과 간접 비용을 크게 줄일 수 있기 때문이다. 기업의 평판과 신뢰도 역시 안전 수준에 따라 극명하게 갈린다. 안전은 단순한 내부 관리 항목이 아니라 외부 이해관계자와의 신뢰를 구축하는 핵심 전략이다. 내가 이야기한 모든 개념을 100% 일삼는다면 안전한 회사로 거듭날 수 있으며, 성장의 도약을 맛볼 수 있는 기업으로 변모할 수 있을 것이다.

인류의 역사에서 '안전'이라는 개념은 단순한 단어가 아니었다. 그것은 생존의 본능이자, 삶을 이어가는 가장 기본적이며 본질적인 조건이었다. 불안정한 자연환경 속에서 사람들은 위험과 공존하며 살아야 했고, 그 속에서 안전은 언제나 인간의 행동을 결정짓는 핵심 기준이었다. 비바람을 피할 수 있는 동굴 하나, 추위를 막아주는 불씨 하나가 생명과 죽음을 가르는 시대에 안전은 선택이 아니라 생존 그 자체였다.

초기의 인간은 자연이 주는 정보를 온몸으로 받아들이며 위험을 감지했다. 하늘의 색이 바뀌는 것을 보며 폭풍을 예측하고, 동물의 흔적을 관찰하며 이동 경로를 정하며, 낯선 소리를 들으며 숨을 죽였다. 당시의 안전은 과학이나 이론의 문제가 아니라 감각과 경험의 문제였다. 이러한 원초적 안전의식은 오늘날까지도 인간의 기본적 경계심으로 남아 있다. 우리는 여전히 위험에 가까워지면 심장이 빨라지고, 예기치 못한 상황을 맞으면 본능적으로 몸을 움츠린다. 이것이 안전의 가장 첫 번째 형식이다.

시간이 흐르고 문명이 발전하면서 안전의 형태도 변하기 시작했다. 농경사회가 시작되자 인간은 움직이지 않고 한 곳에 정착해 살아가게 되었고, 그에 따라 안전의 기준 또한 변화했다. 집단이 커지고 공동체가 확대되면서, 개개인의 행동이 공동체 전체의 안전에 영향을 미치기 시작했다. 그래서 오래전부터 사람들은 규칙과 질서를 만들고, 분쟁을 해결하기 위한 규범을 세웠다. 이 시기는 안전이 '개인의 지혜'에서 '집단의 약속'으로 넘어가는 첫 토대가 되었다.

문명과 국가가 만들어지면서 안전은 비로소 사회적 책임으로 발전했다. 국가는 백성을 보호해야 했고, 백성은 법을 지키는 것으로 안전을 유지했다. 성벽을 쌓고 군대를 조직하여 외적의 침입으로부터 사람들을 지켰으며, 농지를 가꾸기 위한 치수 사업을 펼치는 것도 안전의 일환이었다. 이 무렵부터 안전은 단순한 위기 회피가 아니라 국가와 공동체의 번영을 위한 전략으로 자리 잡았다.

그러나 안전이 본격적으로 제도화되고 체계화를 이루는 시점은 산업혁명 이후였다. 수백만 대의 기계가 움직이고, 공장이 굴뚝에서 연기를 내뿜던 18~19세기 산업혁명은 인류 문명의 비약적인 발전을 이끌었지만, 동시에 그 어떤 시대보다 위험한 노동환경을 만들었다. 노동자들은 질식 위험이 있는 공장에서 수십 시간씩 일했고, 불완전한 기계는 언제든 손가락을 앗아가거나 생명을 위협했다. 어린아이들마저 작은 손이 필요하다는 이유로 기계의 사이에 투입되었고, 그들은 부상과 죽음의 위험을 매일 마주했다.

이 시대의 수많은 사고와 희생은 결국 '안전'이라는 공공과제에 대한 전 세계적 인식을 일깨웠다. 영국의 공장법을 시작으로 각국은 노동자를 보호하기 위한 법령과 규제를 마련했고, 안전장비 착용, 근로시간 제한, 작업환경 개선 등의 기준이 만들어졌다. 이 과정은 단순히 법령을 만들어내는 것이 아니었다. '안전은 국가가 보호해야 하는 기본권'이라는 관념이 등장한 시점이었다.

시간이 흐르면서 안전의 개념은 산업현장을 넘어 도시 전체, 사회 전체로 확장되었다. 도시화가 진행되자 교통체계가 필요해졌고, 교통안전의 개념이 생겼다. 대형 건축물이 늘어나면서 건설안전이 요구되었고, 전기가 보급되면서 화재와 감전사고를 예방하기 위한 기준이 필요해졌다. 사람들은 점점 더 복잡한 사회 속에서 살아가게 되었고, 그만큼 안전은 더 넓은 영역을 아우르는 개념으로 성장했다.

현대에 들어 안전의 범위는 전통적 의미를 뛰어넘어 사회적, 심리적, 디지털적 영역으로 급격히 확대되었다.

과거에는 '떨어지지 않게', '끼이지 않게', '불나지 않게'와 같은 물리적 사고 예방이 중심이었다면, 현대 사회는 전혀 다른 종류의 위험과 마주하고 있다.

오늘날 안전의 위협은 스마트폰 속에서 조용히 시작되기도 하고, 데이터 서버 한 칸의 오류에서 비롯되기도 하며, 수백만 명이 거주하는 도시의 교통 시스템 중 하나의 센서 고장으로 인해 발생하기도 한다. 위험은 보이지 않는 곳에서 더 빠르게, 더 조용하게, 그리고 더 넓게 퍼지고 있다. 사물인터넷(IoT)은 센서와 장비를 연결해 기계가 스스로 이상을 감지하게 만들었다. 하지만 네트워크 오류 하나로 전체 시스템이 마비될 수도 있다. AI는 대규모 데이터를 분석해 사고 가능성을 예측하지만, 잘못된 데이터가 입력되면 오히려 사고의 원인이 될 수도 있다. 빅데이터는 안전전략을 정교하게 만들지만 동시에 개인정보 유출이라는 새로운 위험을 초래하기도 한다.

즉, 기술이 발전할수록 안전의 치마폭은 넓어지고 윤곽은 흐려진다. 옛날처럼 언제 위험이 다가오는지 눈으로 확인할 수 있는 시대가 아니기 때문이다. 그래서 현대 안전관리자는 기술을 이해하지 못하면 위험을 이해할 수 없는 시대에 살고 있다.

이러한 변화는 안전을 국가와 기업, 개인이 함께 해결해야 하는 '다층적이고 상호 연결된 과제'로 만들었다. 국가는 법과 기준을 마련해 사회 전체의 안전 기반을 구축해야 하고, 기업은 조직문화와 시스템을 통해 안전을 일상으로 만들어야 하며, 개인은 안전의 중요성을 이해하고 스스로의 행동을 책임져야 한다. 한쪽의 노력만으로는 현대의 복잡한 위험을 감당할 수 없다.

특히 세계는 점점 더 연결되고 있으며, 한 나라의 사고가 다른 나라에도 영향을 미치는 시대가 되었다. 국제 공급망, 글로벌 시장, 디지털 플랫폼의 확장으로 인해 안전 문제는 단순히 한 지역의 문제가 아니라 국제적 협력 없이는 해결할 수 없는 문제로 발전했다. 감염병, 테러, 기후변화, 글로벌 금융위기 등은 안전의 범위를 더욱 확장시키고 있다. 안전은 더 이상 한 산업, 한 조직, 한 국가의 문제가 아니다.

안전은 인류 전체가 함께 해결해야 하는 공동의 과제다.

오늘날 우리는 안전의 의미를 다시 정의해야 하는 시대에 살고 있다. 안전은 단순히 사고를 예방하는 기술이 아니라, 미래를 지키는 철학이며, 사람을 존중하는 자세이며, 공동체의 지속 가능성을 유지하기 위한 토대이다. 안전의 힘은 보이지 않지만, 그 부재는 즉각적으로 드러난다. 안전은 '있을 때는 느끼지 못하지만, 없으면 모든 것을 잃게 만드는 가치'이다.

역사는 계속해서 우리에게 알려준다. 문명은 위험을 극복하며 발전했고, 안전은 그 발전이 멈추지 않도록 지켜온 보호막이라는 것을 명심해야 한다. 그리고 앞으로도 안전은 인류가 새로운 시대를 맞이할 때마다 반드시 다시 점검하고 재정의해야 하는 영원한 과제일 것이다.

왜 사고는 반복되며, 우리는 어떻게 행동해야 하는가?

오늘날 기업과 정부는 매출과 성장에 큰 가치를 둔다. 하지만 그 이면에는 '이윤'이라는 목표에 지나치게 집중한 나머지 산업재해를 관대하게 바라보는 현실이 존재한다. 산업재해 방치는 단순한 관리 실패가 아니라 명백한 범죄 행위다. 그러나 그 책임을 명확히 묻지 못하는 제도와 문화는 여전히 우리 사회에 자리하고 있다.

안전은 '근로자만 지켜야 하는 규칙'이 아니다. 기업이 성장하기 위해 힘쓴다면, 근로자를 다치지 않게 보호할 책임 역시 기업에 있다. 근로자는 안전하고 건강하게 일할 권리가 있다. 이를 보장하지 못하는 기업과 관리감독자는 결국 사고의 가해자가 되는 셈이다.

안전을 책임지는 우리는 두 가지 출발점을 반드시 기억해야 한다.

첫째. "위험을 보는 것이 안전의 시조이다."

위험에는 보이는 위험과 숨어 있는 위험이 모두 존재한다. 잠재된 위험을 발견하고 해석할 수 있는 능력이 안전관리자의 핵심 역량이다. 나는 근무 중인 회사의 안전구호를 직접 만들기도 했다. "위험을 보는 것이! 안전의 시작이다!" 아침 TBM 후 작업자들이 이 구호를 제창하며 작업장으로 들어가는 모습에서 안전문화의 힘을 다시 느낀다.

둘째. "인간은 실수하는 존재임을 인정하는 것."

사람이 실수하는 이유는 개인의 나약함이 아니라 인간의 본질적인 특성과 한계 때문이다. 그렇다면 실수가 사고로 이어지지 않도록 사람의 특성을 고려한 시스템과 환경을 설계해야 한다. 이것이 진정한 안전관리다.

이 두 가지 관점을 중심에 두고 우리는 전문성과 책임감을 갖고 안전문화 조성에 접근해야 한다.

모든 산업의 근로자라면 이 책을 꼭 읽었으면 한다.

현장은 늘 사람의 손끝에서 시작되고, 사람의 안전 위에서 유지된다. 이 책은 그 당연한 진실을 다시 한 번 코드처럼 새기기 위해 쓰였다.

나는 지난 20여 년간 제조업과 건설현장 등 다양한 작업장을 전전하며 셀 수 없이 많은 날을 땀과 먼지 속에서 보냈다. 그 사이 새벽의 냉기와 한낮의 뜨거운 열기, 사고가 난 뒤의 적막, 그리고 무사히 하루를 마친 후의 안도까지 현장은 나에게 수많은 언어로 말을 걸어왔다. 그 언어를 해석해 기록한 것이 이 책이다.

앞서 집필했던 『안전병법』에서도 나의 경험을 바탕으로 사례를 풀어냈다. 이번 책에서도 일부 사례는 다시 등장한다. 그러나 그것은 중복이 아니라, 반복해서 기록해야만 하는 현장의 진실이기 때문이다. 사람이 다치는 방식은 다양해 보이지만, 위험이 태어나는 원리는 기이할 만큼 비슷하다. 그래서 안전을 다루는 사람은 늘 같은 신호를 다시 확인하고, 다시 경계하고, 다시 말해야 한다.

그동안 나는 현장에서 배운 것들을 법령과 비교하며 정리해왔다. 안전보건 자격증을 준비하는 이들이 쉽게 이해할 수 있도록, 현장의 '감각'과 법의 '원칙'을 서로 잇는 다리를 놓고 싶었다. 현장의 안전수칙은 때때로 현실에 맞게 변형되지만, 결국 모든 원칙은 법(法)에서 시작된다. 이 책의 제목을 『Safety-Code』라 지은 이유도 그 때문이다.

현장이 흐르는 물이라면, 법은 그 물길을 안내하는 강바닥이다. 이 책은 그 바닥에 새겨진 코드를 읽고 해석하는 안내서다. 단순한 규정의 나열이 아니라, 실제로 사람이 살아 움직이는 공간에서 어떻게 적용되어야 하는지를 풀어낸 생생한 대뉴얼이다.

나는 이 책이 누군가에게 작은 등불이 되길 바란다. 등불은 거창할 필요가 없다. 복잡한 결정을 앞두고 한 순간 주저할 때, 손등을 감싸는 따뜻한 빛이면 충분하다. 그 빛이 누군가의 생명을 지킬 수도 있고, 누군가의 삶을 바꿀 수도 있다.

그리고 무엇보다 이 책을 펼친 당신이 어느 순간 스스로에게 말하길 바란다. "나는 안전관리자다." 그 말 속에는 직함보다 깊은 무게와 책임보다 높은 자부심이 담겨 있다. 안전은 사람을 지키는 일이고, 사람을 지키는 일은 언제나 가장 가치 있는 일이기 때문이다. 나는 지금도 동료들을 '내부 고객'으로 여기고 나 자신을 그들을 지키는 '보디가드'라고 생각하며 일을 하고 있다.

당신이 이 책을 덮을 때쯤, 『Safety-Code』는 단지 책 제목이 아니라 당신의 사고 방식 속에 자리 잡은 하나의 원리가 되어 있기를 바란다. 사람을 보호하는 결심, 사람을 살리는 판단, 그리고 그 결심과 판단을 올바른 방향으로 이끌어주는 실천의 코드.

그것이 이 책이 존재하는 이유다.

SAFETY-CODE

CONTENTS

CONTENTS

CODE 2. 제조업종은 기계설비를 명확히 알아야 한다.

CODE 3. 모든 업종들이 이행해야 하는 공통 안전수칙들

CONTENTS

건설업종은 관리자의 역할이 중요하다.

건설업은 특성상 안전사고의 위험이 상존하는 산업으로, 현장의 모든 요소가 복합적으로 작용한다. 이러한 환경에서 관리감독자의 역할은 단순한 관리자가 아니라, 안전을 지키는 마지막 보루로서 매우 중요한 의미를 가진다. 관리감독자는 현장의 흐름을 누구보다 가까이에서 살피며, 위험요인을 발견하고 즉각적으로 조치할 수 있는 위치에 있다. 따라서 안전사고 예방의 성패는 관리감독자의 책임감과 전문성에 달려 있다고 해도 과언이 아니다.

무엇보다 관리감독자는 작업자들의 안전 수칙 준수 여부를 철저히 확인해야 한다. 보호구 착용 여부, 장비 사용의 적정성, 위험 구역 접근 통제 등 기본적인 사항들은 꾸준한 점검 없이는 쉽게 흐트러지기 마련이다. 또한 작업 전 위험요소를 파악하고, 공정별로 발생할 수 있는 사고 가능성을 예측해 사전에 대비하는 것은 관리감독자만이 수행할 수 있는 핵심 역할이다.

더불어 현장에서의 의사소통을 원활하게 만드는 것도 중요한 임무다. 작업자들이 안전 정보를 충분히 이해하고 공유할 수 있도록 교육을 실시하며, 위험 상황을 즉시 보고할 수 있는 분위기를 조성해야 한다. 이러한 소통 체계가 갖춰질 때 긴급 상황에서의 신속한 대응도 가능해진다.

결국 건설 현장의 안전 수준은 관리감독자의 전문성과 리더십에서 시작된다. 그들이 책임감을 갖고 현장을 세심히 살필 때, 안전은 규정이 아닌 '문화'로 자리 잡을 수 있다. 관리감독자의 역할을 강화하는 것만이 건설업의 안전을 한 단계 끌어올리는 가장 확실한 길인 것이다.

[법에서 요구하는 수준은 안전의 시작점일 뿐이다.]

건설 현장에서 착공 직전은 모든 위험이 응축된 순간이다. 계획이 탄탄해야 공사가 흔들리지 않는다. 그래서 나는 크고 작음을 떠나 매 프로젝트마다 '안전관리계획' 수립 과정을 단순한 행정 절차로 치부하지 않고, 반드시 꼼꼼히 검토하는 시간을 가져왔다. 이 과정은 공사의 전체 구조를 다시 한 번 점검할 수 있는 중요한 기회이며, 공종별 특성에 가장 적합한 안전 전략을 선택할 수 있는 출발점이기도 하다. 최신 법 기준을 충족하는 것은 기본이고, 계획을 충실히 세우면 의무 불이행으로 인한 법적 책임도 자연스럽게 줄어든다. 무엇보다 위험을 사전에 파악해 대비할 수 있어 공사의 효율성과 품질도 함께 높아진다.

나의 안전 철학, 그리고 새로운 개념의 탄생

안전관리계획을 작성할 때 심열을 기울여 직접 수립해 왔다. 후배 실무자에게도 맡기지 않았다. 특히 누군가의 옛 자료를 형식적으로 베끼는 것을 가장 경계했다. 산업안전보건법은 하나이다. 그 하나의 법에 따라 기업마다 똑같은 목표와 전략으로 계획서를 수립하는 현실을 부정하고 싶었다. 매 현장은 조건과 위험이 달라지는데, 똑같은 법

기준과 서식으로 대응할 수 있을 리 없기 때문이다. 그 고민 끝에 내가 고안한 개념이 바로 SLPP(Safety Law Plus Project)이다. 말 그대로 '법에서 요구하는 최소 기준을 철저히 지키되, 그 이상으로 더 나은 안전 활동을 실천하는 프로젝트 방식'이다.

SLPP의 핵심은 "법을 지키는 수준에서 멈추지 않는다"는 것이다. 나는 이 방식이 실제로 현장을 더 안전하게 만든다는 확신을 가지고 있다. 법에서 요구하는 수준은 안전의 시작점일 뿐, 종착지가 될 수 없다. 교육을 조금 더 하고, 점검을 한 번 더 하고, 위험요인을 미세하게라도 더 관리하면 사고 발생률은 눈에 띄게 낮아진다. 많은 직원들이 이를 경험하면서 자연스럽게 안전에 대한 감수성이 높아지고, 결국 조직 전반의 무재해 문화를 만들게 된다. 이러한 철학을 굳히고자 나는 SLPP 를 사업장 슬로건으로 큰 사이즈로 제작해 게시하기도 했다.

선제적 안전관리자 배치와 철학의 실천

안전관리계획을 세울 때 내가 가장 중점을 둔 분야는 안전관리자 선임이다. 관련 법에는 공사 규모에 따라 반드시 안전관리자를 배치해야 하는 기준이 마련되어 있다. 하지만 나는 그 기준을 '최소 의무'로만 보지 않았다. 법적 의무에 해당하지 않는 공사라도, 공사 특성과 위험도를 고려하면 안전관리자의 필요성은 사라지지 않는다.

그래서 나는 120억 원 미만 공사에서도 안전관리자를 반드시 배치하는 원칙을 세웠고, 실제로 대부분의 프로젝트에서 그대로 적용했다. 예산이 빠듯한 도급사의 경우 안전관리자 선임이 부담될 수 있었지만, 그런 상황에서도 현장소장이나 감독자를 겸임 안전관리자로 지정해 관리 체계를 유지했다. 작은 공사라고 해서 사고가 작은 것이 아니다. 오히려 인력이 제한적이기 때문에 더욱 촘촘한 관리가 필요하다. 이것이 바로 SLPP의 정신이자, 내가 수년간 실천해 온 방식이다.

교육은 안전의 기초 체력이다

안전관리계획에서 그다음으로 중요한 요소는 '교육'이다. 법에서 요구하는 교육 시간과 과정을 반드시 지키는 것은 기본이다. 그러나 나는 또다시 SLPP 원칙에 따라 이를 한 단계 더 강화했다. 실제로 나는 법정 교육시간의 130~150% 수준으로 교육을 확대해 운영해 왔다.

건설 현장은 일용직 비율이 높아 신규 근로자 교육과 작업내용 변경 교육의 비중이 크다. 신규 채용자는 기본적으로 일정 시간 이상 교육을 받아야 하고, 타워크레인 신호작업과 같이 고위험 작업에 투입되는 근로자라면 더 많은 특별교육이 필요하다. 나는 해당 기준을 충족하는 데서 멈추지 않고, 현장의 특성을 반영해 교육 시간을 추가 배정했다. 실제 작업자들이 위험요인을 구체적으로 체감하고, 질문하고, 숙련할 수 있는 '실제적인 교육'이 이루어지도록 하기 위함이었다.

또한 도급업체가 제출한 안전관리계획을 검토할 때는 교육 과정별 필수 교육시간이 정확히 기재되어 있는지를 반드시 확인했다. 시간 누락이나 잘못된 기재는 형식적 오류로 끝나는 것이 아니라 실제

작업자의 안전 수준을 떨어뜨리는 심각한 문제로 이어질 수 있기 때문이다. 교육을 이수한 근로자에게는 자체 시험을 보게 하여 내용을 제대로 이해했는지 확인했고, 합격한 사람만 현장에 투입했다. 그만큼 교육은 모든 안전의 기본이며, 절대 대충 넘어갈 수 없는 과정이라고 믿었기 때문이다.

착공 전에 안전계획을 세우는 과정은 단순히 법을 맞추기 위한 준비가 아니라, 위험을 선제적으로 제거하는 최초의 개입이다. SLPP는 내가 수많은 현장을 경험하며 체득한 안전 철학이며, 오늘날까지도 많은 현장에서 실질적인 효과를 보여주고 있다.

안전은 결과가 아니라 과정이다. 그리고 그 과정의 첫 단계가 바로 '철저한 안전관리계획 수립'이다. 줄이고 생략하는 것이 능률이 아니다. 더 많이 살피고, 더 깊이 준비하는 것이 결국 사람을 지키고 현장을 지키는 가장 확실한 길이다.

『건설안전관리 핵심 Point!』

1. 공사 공정별 안전전략을 작업자 생명을 위해 성의껏 수립하라.
2. 법에서 요구하는 조건 그 이상으로 안전체제를 만들어라.
3. 작업자가 받아들일 수 있는 실질적인 안전교육을 하라.

인간공학을 이해하지 못하면 안전도 없다.

나는 현장에서 공사가 시작되면 형식적인 것부터 개선하는 습관이 있다. 가장 많이 개선한 것을 살펴보면 안전구호, 안전인사, 전달사항에서 자주 사용하는 문구들이다. "안전주의에 철저히 합시다!", "이 장비는 위험하니 조심하세요!"라는 말은 그럴듯해 보이지만, 사실상 아무 의미도 주지 못한다. 안전 비전문가들이 자주 쓰는 말이기에 오랫동안 안전업무를 한 사람으로서 추상적인 말은 하지않는 것이 바람직하다고 생각한다. 그래서 나는 전 직원과 근로자 앞에서 분명하게 선언했다. "저는 주의하자는 말로 끝나는 안전은 하지 않겠습니다."

누군가가 "위험하니 조심하라"고 말한다면, 나는 반드시 되물었다. 왜 위험한가? 어떤 상황에서 더 위험해지는가? 어떻게 주의해야 하고, 대응을 해야하는가? 그 배후에는 어떤 요인이 숨어 있는가?

이런 질문을 끊임없이 던지고 스스로 답을 찾게 만드는 분위기 속에서만 진정한 안전이 자리 잡을 수 있다고 믿었기 때문이다. 안전은 지시가 아니라 이해에서 시작된다. 이해가 있어야 행동이 바뀌고, 행동이 바뀌어야 비로소 사고가 줄어드는 변화를 만들 수 있다.

심리가 흔들리면 안전도 흔들린다

나는 현장을 오래 지켜보면서 깨달았다. 안전은 기술보다 심리에 더 가까운 분야라는 사실을. 심리학에서도 인간의 행동, 감정 판단이 안전성과 편리성에 어떤 영향을 주는지 연구가 계속되고 있다. 이유는 간단하다. 사고의 '간접 원인' 대부분이 사람의 심리 상태에서 시작되기 때문이다. 실제로 초기발달 안정감을 강조한 에릭 에릭슨(Erik Erikson), 스위스 치즈이론의 제임스 리즌(James Reason), 자기효능감이라는 말을 만든 알버트 반두라(Albert Bandura), 안전 욕구의 아브라함 매슬로우(Abraham Maslow) 등 모두 심리학자들이다.

20년을 현장에서 실무자로 일한 내 경험만 놓고 봐도, 작업자의 실수, 착오, 오판은 대부분 '정신적 요인의 변화'에서 비롯되었다. 피로, 과도한 자신감, 조급함, 스트레스, 불안, 무기력감 등이 사고의 원인으로 누적되어 나타났다. 그래서 나는 현장의 장비, 기구점검 못지않게 근로자들의 표정, 말투, 행동변화에도 늘 신경을 썼다.

새로운 세대와의 공존, 그리고 위험 신호들

건설현장의 인력 수급은 갈수록 정말 어렵다. 현지 채용이 어렵다 보니 타지에서 모인 일용직 근로자가 대부분이었고, 그중에는 신종어인 '근자감 세대'라고 불리는 젊은 근로자들도 자주 눈에 띄었다. 문제는, 이들 중 일부가 불필요하게 높은 자존심, 근거 없는 자신감, 감정 조절의 어려움 등을 보인다는 점이었다.

군대식 표현을 빌리자면, '관심병사 유형'의 위험군들이 있었다. 나는 이런 근로자를 처음 보았을 때 직관적으로 느껴지는 불안정한 기운을 무시하지 않았다. 첫인상 3초가 안전을 좌우한다는 말이 괜히 나온 말이 아니다.

그래서 작업 배치 전 안전교육을 진행할 때 나는 그들에게 유독 질문을 많이 던졌다. "이 작업을 처음 해본다면 어떤 점이 불안할까요?", "작업 중에 가장 조심해야 할 부분이 뭐라고 생각합니까?", "지난 작업에서 본인이 실수할 뻔한 순간은 없었나요?"

질문에 답하는 과정에서 그 사람의 태도, 사고방식, 책임감이 그대로 드러난다. 나는 안전 인식이 제대로 탑재된 근로자에게만 현장을 맡기겠다는 욕심이 있었다.

'투사법'을 활용한 현장 심리 점검

오래 전 플랜트 건설공사 시작단계에서 나는 한 근로자에게 고소작업용 안전대를 크게 확대해 출력한 사진을 보여주며 물었던 적이 있다. "이걸 보면 어떤 생각이 드십니까?" 그는 잠시 머뭇거리더니 이렇게 답했다. "답답하고, 어깨가 조여 숨이 막힐 것 같습니다."

이것은 심리학의 투사법(Projective Techniques) 원리를 활용한 것이었다. 특정 사물이나 그림에 대한 반응을 통해 작업자의 내면을 파악하는 기법이다. 안전대는 보호구이지만, 그에게는 '억압'으로 해석된 것이다. 이런 반응은 고소작업 시 거부감이나 회피 심리로 이어질 수 있다. 실제로 그는 위험작업에 적합하지 않은 유형이라고 판단되었고, 해당 도급사 소장과 상의해 결국 다른 프로젝트로 전환 배치했다. 가는 길은 아쉬웠지만, 현장에서는 한 개인의 심리적 한계가 곧 사고 위험으로 연결된다는 것을 고려해야 한다. 나는 이 사례를 통해, 간단한 사물을 이용한 투사법만으로도 근로자의 내면을 파악하는 데 큰 도움이 된다는 것을 다시 한번 확인했다.

리스크 항상성 이론 : 안전기술의 본질은 결국 사람을 위한 기술

캐나다의 교통심리학자 와일드(Gerald J. S. Wilde)의 리스크 항상성 이론은 나에게 많은 깨달음을 준 연구다. 도로를 아무리 잘 설계해도 사고가 반드시 줄어드는 것은 아니라는 주장이다. 운전자가 느끼는 ‘허용 가능한 위험수준’이 비슷하게 유지되기 때문이다.

이 원리를 나는 현장 안전에도 그대로 대입할 수 있다고 본다. 아무리 훌륭한 안전장치와 시설을 갖춰도, 작업자가 마음속으로 ‘괜찮다’고 느끼는 위험 허용치가 높으면 사고는 줄지 않는다. 그래서 안전기술의 최종 목표는 ‘사람의 심리’를 고려해 안전행동으로 자연스럽게 유도하는 환경을 만드는 데 있다고 생각한다. 안전은 어떤 시스템이나 설비의 문제가 아니라, 결국 사람 자체를 위한 안전이 되어야 한다.

심리학을 모르면 안전을 할 수 없다

인간공학의 한 분야인 심리학적 접근은 ‘있으면 좋은 선택지’가 아니라, 안전을 다루는 사람이라면 반드시 갖추어야 할 핵심 도구다. 다양한 심리학자의 이론을 충분히 이해하고 작업자 행동 변화에 활용해야 한다. 숙지한 내용을 현장과 공유하는 것도 매우 중요하다.

안전은 규정과 장치만으로 완성되지 않는다. 안전을 담당하는 직원이라면 심리학적 이론을 반영한 질문을 늘 마음속에 넣고 자신에게 물어보면서 답하는 연습도 중요하다. 나는 실제로 다음의 4가지 질문을 수시로 나에게 묻고 있다. "위험을 어떻게 지각하는가?", "스트레스 상황에서 어떻게 반응하는가?", "어떤 상황에서 실수를 반복하는가?", "어떤 성향이 특정 작업에 적합한가?"

이 모든 것이 심리학의 영역이며, 결국 사고 예방의 핵심이다. 나는 지금도 확신한다. 심리를 이해하지 못하는 안전관리는 결국 겉모습만 있는 안전이다.

『건설안전관리 핵심 Point!』

1. 작업자의 이해, 심리를 파악해야 진짜 사고를 예방할 수 있다.
2. 투사법 등 심리학적 기법은 현장에서 대우 효과적이다.
3. 안전기술의 목적은 결국 '사람'을 안전하게 만드는 것이다.

공사현장의 핵심 역할자는 사실 따로 있다.

건설현장을 직접 경험해보면서 느끼게 되는 사실이 하나 있다. 하나의 프로젝트라도 현장에 투입되는 공사가 2개 이상이면, 안전보건조정자는 반드시 필요하다는 점이다. 많은 사람들이 '한 장소에서 2개 이상의 공사'라는 표현을 'A프로젝트와 B프로젝트가 동시에 진행되는 상황'으로 오해하곤 한다. 그러나 실제 현장은 그렇지 않다. 하나의 플랜트 프로젝트 안에서도 토목공사, 철골 설치공사, 소방설비 공사, 배관공사, 전기공사 등 여러 공종이 동시에 얽혀 진행되는 것이 일반적이다. 다시 말해, 조금만 규모가 있는 건설현장이라면 '2개 이상의 공사'는 피할 수 없는 구조이며, 그렇기 때문에 안전보건조정자의 역할이 필수적이다.

전문성을 갖춘 안전보건조정자는 무재해의 주축이다.

나는 현장 착수 초기부터 안전보건조정자를 선임하기 위해 여러 감리회사를 대상으로 후보군을 요청했다. 요즘 건설안전 분야 인력이 부족하다는 것은 누구나 알고 있다. 하지만 안전보건조정자는 공사안전총괄책임자인 나와 거의 동일한 수준의 책임과 권한을 갖게 된다. 때문에 '아무나' 앉혀놓을 자리가 절대로 아니다.

나는 후보 요청 시 가장 강조한 기준이 하나 있었다. 바로 '다방면의 건설 프로젝트 경험'이다. 나이, 학력, 자격증, 회사 네임밸류 모두 참고사항일 뿐, 궁극적으로는 여러 공종이 얽히고설킨 건설 현장을 직접 경험해본 사람이 아니면 실질적 조정 업무를 수행하기 어렵다는 판단이었다. 법에서 정한 최소 경력이 있다고 해서 바로 조정자로서 현장을 이끌 수 있는 것이 아니다. 그래서 나는 건설현장의 흐름을 꿰뚫고 있는 실전형 경력자를 찾기 위해 계속해서 요청하고 또 요청했다.

최종적으로 선발된 안전보건조정자는 첫 출근과 동시에 지정서를 작성했고, 나는 그 서류를 현황판에 바로 부착했다. 조정자 선임 사실을 현장에서 공식적으로 공유하는 것은 매우 중요하다. 조정자가 현장 내에서 실질적 권한을 행사할 수 있는 분위기를 만드는 데 필수적이기 때문이다.

선임 후 나는 도급사별 책임자들에게 조정자의 역할을 상세히 설명하고, 조정자의 지시와 조율 사항을 적극 반영해야 한다는 점을 분명히 전달했다. 조정자의 기본 업무는 공사 간 혼재작업을 조정하고, 공정과 공간을 서로 충돌 없이 배분하는 것이다. 하지만 나는 그 이상의 범위를 맡겼다. 현장의 주요 위험요인을 사전에 검토하고, 도급사 간 안전기준 차이를 조정하며, 시공 단계별 위험성 평가에도 깊이 관여하도록 요청했다. 말 그대로 '실질적 관리주체'로서의 역할을 요구한 것이다.

그리고 많은 현장에서 놓치기 쉬운 부분이 하나 있다. 안전보건조정자를 선임하면, 그 조정 활동과 조율 사항을 반드시 공사안전보건대장에 기록해야 한다는 점이다. 조정자는 현장의 안전보건 체계를 관통하며 공사 간 리스크를 조정하는 역할을 수행한다. 그 과정과 결과가 제대로 기록되지 않으면 향후 공정 변경, 사고 조치, 재해 조사 등에서 정확한 이력 관리가 어렵다. 나는 이 점을 도급사와 안전팀에 반복적으로 강조했고, 기록 체계를 강화하여 조정 업무가 문서로 명확하게 남도록 관리했다.

현장을 진행하면서 다시 한번 느꼈다. 안전보건조정자의 역할은 정해진 업무를 수행하는 사람이 아니라, 현장의 안전구조를 지탱하는 핵심축이라는 사실이다. 그렇기 때문에 그들의 역량을 충분히 발휘할 수 있도록 명확한 권한을 부여하고, 역할을 존중해주는 문화가 반드시 필요하다.

『건설안전관리 핵심 **Point!**』

1. 공사 간 혼재작업을 사전에 조정하지 않으면 안전관리 체계가 무너진다.
2. 안전보건조정자의 전문성 존중과, 충분한 권한을 부여하라.
3. 안전보건조정자의 지시, 조율 사항은 반드시 작업계획서 공사 안전보건대장과 같은 공문서에 기록하라.
4. 대부분의 공사현장은 복합시공이다. 안전보건조정자 선임을 형식이 아닌 실질로 운영하라.

현장에서 총괄책임자, 현장소장, 안전관리자나, 관리감독자 등 리더가 갖추어야 할 덕목은 화려한 언변이나 과시적 존재감이 아니다. 무재해를 향해 조직을 올바른 방향으로 일으켜 세우는 진짜 리더십이다. 어느 현장이든 안전은 결국 사람에게서 시작되고, 사람에게서 끝난다. 그렇기에 공사현장이나 어디던 간에 리더는 누구보다 앞에서 길을 닦고, 뒤에서 밀어주며, 옆에서 지지해야 한다는 사실을 나는 여러 경험을 통해 깨달아 왔다.

리더십 발휘는 단호함에서 시작된다.

원청인 발주사 또는 시공사인 최상위 원도급사에 소속된 관리자는 자연스레 강한 영향력을 갖는다. 안전수칙을 위반한 도급사에게 절차적 조치를 취할 수 있고, 공사대금과 관련해 무리한 요구에는 단호히 선을 그을 수 있는 권한도 있다.

나는 이러한 권한을 단순히 '힘'으로 보지 않았다. 현장을 올바른 방향으로 끌고 가기 위한 필수적 리더십의 기반이라고 보았다. 관리자가 흔들리면 도급사는 원칙을 지키지 않는다. 권한이 존재하는 만큼, 그 권한을 안전을 위한 근거로 삼아야 했다.

예전 플랜트 공장 건설을 맡았을 때 일이다. 착공 첫날, 직발주 시공사 중 가장 규모가 큰 A사는 안전작업계획서 제출을 거부했다. 자신들은 EPC 체계관리만 하고 실제 시공은 하도급사가 한다는 논리였다.

그러나 현장 안전에서 책임을 나눌 수는 없다. 나는 안전책임자로서 미작성 시 작업 중지 조치까지 고려하고 있음을 분명하게 알렸다. 원칙을 확실히 세운 그 순간 이후, A사는 더 이상 형식적 논리로 버티지 않았고, 현장은 필요한 절차를 밟아가며 제자리를 찾아갔다.

리더십은 하루아침에 생기지 않는다

나는 리더십이 누군가의 교육이나 단기 강의로 완성된다고 믿지 않는다. 스스로 겪고 깨닫고 체화해야만 몸에 남는 것이다. 그래서 리더십과 관련된 여러 서적을 통해 나에게 맞는 원칙을 찾아 나갔다. 리더십에는 완성형이 존재하지 않는다. 나의 경험, 가치관, 현장의 상황이 맞닿는 지점에서 조금씩 모양을 갖추어 갈 뿐이다.

개인적으로 '과업형 리더십'은 안전관리에서 가장 멀리해야 할 유형이라고 생각한다. 행정 업무만 챙기고, 인간관계를 배제한 채 절차만 강조하는 관리자는 현장에서 누구와도 연결되지 못한다. 안전은 사람을 다루는 일이고, 관계 속에서 신뢰가 쌓여야 힘을 발휘한다. 나는 프로젝트 착공부터 종료까지 근로자 한 명 한 명의 상황을 챙기며 관계를 유지했다. 관리감독자는 결국, 사람을 통해 안전을 지켜내는 자리다.

몇 년 전 가을 무렵에 있었던 일이다. 정신없이 공사기간을 보내고 있을 때 전 근로자에게 약속했다. 무재해를 이어가면 겨울에는 따뜻한 커피와 어묵을 준비하겠다고. 봄이 되자 다시 약속했다. 다음 계절이 오기 전에 무재해를 유지하면 유명 연예인들이 자주 이용한다는 커피 트럭을 보내겠다고. 이런 약속은 단순한 이벤트가 아니었다. 노력에 대한 보상을 약속하고, 근로자들이 스스로 안전에 집중하도록 만드는 거래적 리더십의 실천이었다. 결과적으로 두 약속 모두 지켜졌다. 안정성을 중요시하는 내 성향과도 잘 맞았다.

리더는 행동으로 말해야 한다

안전보건공단의 '우리는 원팀' 프로그램이 한창이던 시기에 관할 지사와 안전기술 제휴를 맺었다. 공단의 기술자료를 공유받고, 현장 상황에 맞춰 '안전보건커미티'라는 프로그램을 구성해 직접 기술교육을 진행했다. 현장에서는 전문성이 곧 설득력이다. 이 교육을 통해 나는 전문가로서의 리더십을 자연스럽게 보여줄 수 있었다.

직장생활을 하며 가장 강하게 느낀 점이 있다. 리더는 말보다 행동으로 안전문화를 만든다는 것이다. 리더가 안전 절차를 철저히 지키면 근로자도 그 모습을 보고 따라온다. 반대로 본인은 안일하게 행동하면서 지시만 하는 리더는 절대 존경받지 못한다. 또한 리더는 근로자들이 안전 문제를 자유롭게 이야기할 수 있는 개방적 분위기를 조성해

한다. 불합리한 피드백, 느린 응답, 부정적인 언행은 조직을 빠르게 침체시킨다. 예전에 실제로 그런 리더 밑에서 일한 적이 있었다. 보고를 하면 피드백이 늦거나 없었다. 가끔은 부정적 언어만 내뱉었다. 그때 마음속으로 다짐했다. "나는 절대 저런 리더가 되지 않겠다."

동기부여 앞에 선 리더, 그 주위에는 변화가 일어난다

근로자에게 동기를 부여하는 리더 주위에는 자연스레 성과가 따라붙기 마련이다. 성과를 평가하고, 안전에 기여한 직원에게 보상과 인정을 제공하는 리더는 조직 전체의 힘을 한 방향으로 모은다. 안전 목표에 도달하는 힘은 결국 사람에게 있다. 그리고 사람의 마음을 움직이는 것은 리더의 노력이다.

『건설안전관리 핵심 Point!』

1. 관리자의 리더십은 권한이 아닌 행동과 원칙에서 시작된다.
2. 안전문서는 형식이 아닌 책임의 이행이다.
3. 근로자의 마음을 움직이는 동기부여 전략을 갖추어라.
4. 리더는 말보다 행동으로 안전문화를 보여야 한다.

초보 작업자의 존재는 피할 수 없는 현실이다

공사 현장에는 숙련공과 초보 작업자가 함께 존재한다. 최근 설비 보강 프로젝트에서 기능공 평균 연령은 55세였고, 약 30%는 첫 현장에 투입된 초보자였다.

정부에서 중대재해처벌법을 시행한 이후에도 건설업과 제조업의 사고율 감소가 뚜렷하게 나타나지 않는 이유 중 하나는 초보 작업자에 대한 실질적인 안전관리 부재라고 나는 분석했다.

초보자는 기술적 지식도 부족하고, 본인이 수행하는 작업의 위험 요소나 방호방법도 잘 알지 못한다. 기술 능력은 뛰어나지만 안전 개념은 부족한 사람도 있고, 안전 이론은 많지만 정작 작업 기능이 떨어지는 경우도 있어, 이런 불균형이 건설업 사고율을 끌어올리는 원인이 되곤 한다.

이 때문에 나는 공사 초기부터 초보자들을 따로 관리할 필요성을 강하게 느꼈고, 실제로 공정마다 초보자가 어디에 배치되는지, 그 역할이 무엇인지 세밀하게 파악했다.

안전지식과 기술지식은 함께 성장해야 한다

안전은 생명을 지키기 위한 활동이며, 안전교육은 단순한 지식 전달이 아니라 위험을 스스로 발견하고 제거하는 사고력을 키우는 과정이어야 한다. 나는 초보 작업자가 교육만 듣고 끝나는 것이 아니라, 실제로 위험요인을 찾아내고 안전한 작업방법을 적용할 수 있는지 직접 확인했다. 경험이 부족한 작업자는 작업 준비 과정에서도 빈틈이 많고, 작업 순서나 동작에서도 미숙함이 드러나기 마련이다. 그러나 숙련이 쌓일수록 안전 습관과 사고 예방 감각도 자연스럽게 향상된다.

최근 철골조립 공사 때, 고위험 작업인 배관, 철골 상부 이송 공정에서는 호이스트 와이어로프 사용이 많아 중량물 흔들림 위험이 컸다. 숙련된 조종자는 흔들림의 주기와 반동을 읽어 속도를 조절할 수 있지만, 미숙한 작업자는 이런 감각이 없어 위험을 증폭시킨다. 여기에 슬링벨트 상태나 작업자 배치의 적정성까지 이해하지 못하면 사고 가능성은 더 높아질 수밖에 없다.

이런 위험을 줄이기 위해 숙련된 조종자에게만 안전모에 조종 허가필증을 부착하도록 했고, 필증이 없는 작업자는 호이스트 리모컨을 절대 조작하지 못하게 했다. 이는 직영인력에게도 똑같이 제도를 운영토록 했다. 이동식 크레인, 호이스트 하부에서의 협착, 깔림 사망 사고가 반복되고 있는 현실을 고려하면, 조종 자격의 명확한 구분은 선택이 아닌 필수였다.

초보 작업자를 '숙련공'으로 만드는 구체적 전략

나는 모든 근로자에게 정기 안전교육을 실시하되, 초보 작업자에게는 보강교육을 더해 체계를 별도로 구축했다. 그 내용은 단순한 이론이 아니라 실질적인 작업 중심이 되도록 구성했다. 초보자가 반드시 몸에 익혀야 할 실제 기능들, 예컨대 용접 기술, 그라인더 사용법, 고속절단기 운영 요령, 이동식 크레인 안전 조작법, 그리고 중량물 취급 시 필요한 기본 원칙과 순서를 반복적으로 교육하고 실습하게 했다.

이는 단순히 기능을 가르치는 수준이 아니라 초보자를 공사 중반부에는 숙련공 수준으로 키우기 위한 전략이었다. 교육과 실습이 반복되자 초보자들도 위험을 감지하는 속도가 빨라지고, 작업 품질과 안정성도 나날이 향상됐다. 현장은 한층 안정됐고, 전체 공정 진행 속도에도 긍정적인 영향을 미쳤다.

『건설안전관리 핵심 Point!』

1. 초보 작업자 관리는 무재해 전략의 핵심이다.
2. 기술능력과 위험방지 능력은 나뉘지 않고 함께 성장해야 한다.
3. 교육은 지식을 채우는 것이 아니라 사고예방 능력을 키우는 과정이다.
4. 조작 숙련도는 중량물 사고를 막는 가장 강력한 방어선이다.

현장에서 기술자의 실력은 단순히 도면이나 서류로 평가할 수 없다. 특히 중장비와 고소작업대 등 위험도가 높은 장비를 다루는 작업자의 경우, 실제 조작 능력과 현장 대응력을 직접 확인하는 것이 안전관리의 출발점이라는 것을 나는 여러 차례 경험을 통해 절감해 왔다.

리프트카 조작 능력, 직접 검증하다

공사 현장에서 고소작업용 리프트카(Lift car)를 상시 사용하는 공정을 보낼 때가 있었다. 당시 나는 공사 안전총괄자로서, 안전보건조정자와 함께 근로자들의 조작 실력을 직접 확인하기로 했다. 라바콘을 늘여놓아 마치 자동차 도로연수장처럼 임시 차선을 만들었다.

이곳에서 근로자들에게 직접 주행과 조작 테스트를 실시했는데, 실제로 원격영상을 통해 또는 서류로만 확인할 때는 보이지 않던 숙련도 차이가 뚜렷하게 나타났다. 장비의 특성을 몸으로 이해하고 있는 작업자와 그렇지 않은 작업자는 현장에서의 안전 수준도 전혀 달랐다.

부족한 조작능력은 '현장 실습'으로 채워 넣다

운행이나 조작 능력이 부족한 기능공들은 별도로 모아 안전기능교육과 실습훈련을 실시했다. 하루 30분 정도 따로 시간을 떼어 리프트카를 실제로 운행하도록 했고, 반복적인 조작 연습을 통해 장비의 반응과 위험요소를 스스로 익히게 했다.

특히 몸으로 익힌 이해는 단순한 이론보다 훨씬 강력했다. 며칠 지나지 않아 동작이 자연스러워지고, 작업 때의 불안정한 조작이 눈에 띄게 줄었다. 교육이 아니라 경험을 통한 체득이 얼마나 중요한지 다시 확인한 순간이었다.

지게차 운행자에게는 더 철저하게

지게차는 현장에서 자주 사용되지만, 작은 부주의가 큰 사고로 이어질 수 있는 장비이기도 하다. 나는 외주 용역 지게차든, 도급사가 직접 보유한 지게차든 관계없이 안전운행 원칙을 강하게 강조했다.

특히 작업 전 점검 체크리스트를 만들어 전 작업자에게 배포했다.△ 제동장치 및 조종장치 이상 여부 △하역장치 및 유압장치 이상 여부 △ 바퀴 손상 여부 △전조등, 후미등, 방향지시기, 경보장치 작동 여부 이 중 하나라도 미흡하면 운행을 금지했다. 더불어 후방 카메라, 안전봉(볼라드), 후진경고음이 설치되지 않은 지게차는 현장 출입 자체를 허용하지 않았다. 현장에 들어오는 순간부터 안전 사양이 갖춰져 있어야 하는 것이다.

클램프를 두 번 떨어뜨린 작업자, 달라지다

비계 조립이 한창이던 시기, 한 근로자가 고소에서 클램프(Clamp)를 두 번이나 떨어뜨리는 일이 있었다. 나는 세 번째가 발생하면 작업중지는 물론 현장 퇴출까지 이어질 수 있음을 분명히 고지했다.

그 순간부터 그는 달라졌다. 장비를 다루는 손끝이 훨씬 신중해졌고, 안전수칙 역시 거의 흠잡을 데 없이 지켜냈다. '경고'가 목적이 아니라, 현장의 위험성을 스스로 자각하게 만드는 것이 중요하다는 사실을 다시 느꼈다.

오래된 고소작업, 서류 검사만 보고 넘길 뻔했다

고소작업대(차량탑재형)에 올라탄 작업자들을 대상으로 SAO 활동을 진행하던 중이었다. 한 차량이 유난히 오래되어 보였다. 도급사 관리감독자가 작성한 차량점검표를 확인해보니, 서류상으로는 문제가 없었다.

그러나 차량 상태가 마음에 걸려 세부 확인을 진행했다. 결국 해당 차량이 안전인증 유효기간을 약 1년 가까이 지난 상태라는 사실을 확인했고, 즉시 현장에서 퇴출했다.

더 놀라운 것은 점검표가 실제 정비 없이 형식적으로 작성된 서류 였다는 점이었다. 해당 관리감독자에게는 엄중한 경고조치를 내렸다. 서류는 언제든 조작할 수 있지만, 장비의 상태는 거짓말을 하지 않는다.

고령 및 건강이상 용접공, 별도 관리는 선택이 아니라 필수

철골 고소 작업에서는 20명 넘는 용접공이 동시에 작업하는 경우도 있다. 이럴 때는 '설마 괜찮겠지'라는 생각이 가장 위험하다. 나는 근로자 중 상황성 재해 가능성이 높은 인원을 별도로 선정해 관리했다.

특히 만 60세 이상 고령 근로자와 건강상 유소견이 있는 근로자는 사고 위험이 상대적으로 높았다. 실제로 이러한 재해는 다음과 같은 이유로 쉽게 발생한다. △작업 난이도가 과도하게 높은 경우 △설비에 결함이 있는 경우 △개인의 심신 상태가 불안정한 경우 △주변 환경이 집중력을 떨어뜨리는 경우이다.

이들을 별도로 관찰하고, 어려운 작업은 분리하며, 작업환경도 조정해 주었다. 단순 배려가 아니라 재해 예방의 핵심 전략이 된 셈이다.

실력자들에게 맡긴 OJT, 탁월한 효과를 내다

각 분야별 기능공 중 신뢰도와 숙련도가 높은 작업자들을 Key Job 요원으로 선정해 두었다. 이들은 안전수칙 준수는 물론 발주처, 시공사(甲)의 요구사항에도 빠르게 대응하는 공통점이 있었다.

나는 공사 초기부터 그들에게 OJT를 계획적으로 주도하도록 요청했다. 오전 10시 30분 휴식시간마다 현장의 실정에 맞춘 간단한 실습과 지도훈련이 이뤄졌다. 작업 흐름을 끊지 않으면서도 필요한 기술을 전달할 수 있다는 점에서 OJT는 정말 효과적이었다.

확실히 숙련공은 다르다. 이름난 숙련공들은 많은 프로젝트에서 스카우트 제의가 들어오는데 다 이유가 있는 것이다. 이들의 한마디, 한 번의 시범만으로도 후배 작업자들의 실력이 빠르게 향상됐다. 경험의 전수는 어떤 교재보다 강력한 교육 도구였다.

『건설안전관리 핵심 Point!』

1. 공정별 위험요인을 먼저 파악하고, 현장 상황에 맞춘 안전전략을 수립하라.
2. 법 기준은 출발점일 뿐, 그 이상 충족하는 체제를 구축하라.
3. 작업자가 실제로 이해하고 받아들이는 교육을 제공하라.
4. 서류가 아닌 현장과 장비의 실제 상태를 직접 확인하라.

　건설현장은 늘 갈등이 생긴다. 원칙의 기준선을 만들어라.

　공사 현장 곳곳에서는 근로자들 간 말다툼이나 감정싸움이 자주 벌어진다. 돌이켜보면 단 한번도 싸우지 않았던 날이 없었던 것 같다. 서로 다른 지역에서, 다른 프로젝트에서 모여든 사람들이 한 공간에서 새롭게 일하기 시작하다 보니 보이지 않는 기 싸움이 존재하는 것은 당연한 일이다. 그중에서도 감리단과 시공 근로자 간의 충돌은 더욱 빈번했다. 한 번은 비계 설치를 고위험 작업으로 판단한 감리단이 직접 현장에 투입되어 작업 절차를 모니터링하고, 작업 동작 하나하나를 코칭 해주었다. 그러나 비계팀은 이러한 감독을 불편하게 느끼며 '작업중지권'을 쓰겠다고 주장했다. 문제는 그 상황이 법적 조건에 해당하지 않았다는 점이었다. 그럼에도 비계팀은 감정적 대응으로 작업을 거부했고, 이를 계기로 감리단과 시공팀 사이의 긴장감은 더욱 높아졌다.

　나는 감리단의 개입이 발주사의 감독 권한을 대행하는 정당한 행위라고 판단했고, 초기에 확실한 기준선을 세우는 것이 장기적으로 공사를 안정시킨다고 확신했다. 결국 해당 비계팀은 그날로 현장에서 퇴출되었고, 바로 새로운 팀으로 교체되었다. 이 사건은 현장 전체에 하나의 메시지를 남겼다. 안전에 대한 민감한 규칙만큼은 타협 없이,

강압적으로라도 적용해야 한다는 사실이다.

팀워크의 무너짐은 안전의 붕괴로 직결된다

나는 '팀워크'가 단순한 협업의 개념을 넘어, 현장 안전을 떠받치는 하나의 큰 규칙이라고 생각한다. 현장에서 말하는 팀워크란, 동일한 목표를 향해 달리는 사람들이 서로를 존중하고 보호하며, 위험한 상황에서는 자연스럽게 서로의 안전을 지켜주는 집단적 행동 양식을 말한다. 그러나 팀워크가 흐트러지면 불안전한 행동은 물결처럼 번진다. 몇몇 근로자가 불성실한 태도나 위험한 행동을 보이면, 주변 사람들도 작업 의지를 잃거나 규칙을 가볍게 여기기 쉽다. 결국 전체 분위기가 흐트러지고, 사고 가능성은 급격히 높아진다.

그래서 나는 발주사, 감리단, 시공사 전체에 단합의 중요성을 꾸준히 강조했다. 팀워크가 좋은 현장에서는 안전규칙이 '남이 시켜서 지키는 것'이 아니라, '우리 모두를 지키기 위한 기본 약속'으로 자리 잡는다. 근로자들끼리도 서로의 행동을 불편함 없이 조심스럽게 지적할 수 있고, 규칙 위반을 동료의 생명을 위협하는 심각한 문제로 바라보는 문화가 형성된다.

공사기간 팀워크를 저해하던 일부 팀을 단호하게 교체했던 경험은 프로젝트 후반까지 긍정적인 영향을 미쳤고, 공사 마무리 직전까지도 현장의 결속력을 유지하는 데 중요한 역할을 했다.

숙취작업 해결, 강한 기준이 문화를 바꾼다

큰 프로젝트가 시작되면 지방 곳곳에서 온 일용근로자가 많았고, 자연스럽게 '음주'가 하나의 골칫거리가 되었다. 특히 전날 과음 후 다음 날 작업에 투입되는 근로자들이 나타나면서, 집중력 저하, 균형 감각 약화, 판단 오류 같은 문제가 불거졌다. 혈중 알코올 농도는 일정량 이상 마시면 하루가 지나야 완전히 사라지기 때문에 숙취는 단순한 피곤함이 아니라 중대재해로 이어질 수 있는 위험요소였다.

이 문제를 방치할 수 없다고 판단해, 나는 간헐적인 기준으로 작업장 출입 전에 음주측정기를 활용한 검사를 도입했다. 검사 결과 숙취 수치가 기준 이상이면 그날 작업 투입을 제한했다. 처음에는 몇몇 근로자가 당황하거나 불만을 제기하기도 했지만, 기준이 명확하고 누구에게나 동일하게 적용되었기에 곧 전체 분위기가 바뀌었다. '숙취 상태에서는 절대 작업장에 들어올 수 없다'는 인식은 빠르게 확산되었고, 자연스럽게 음주량이 줄어들었다. 현장의 집중력도 향상되고 환경 자체가 훨씬 안정적으로 조성되었다. 민감한 안전규칙일수록 강하게 적용해야 한다는 원칙이 핵심이다.

> 『건설안전관리 핵심 **Point!**』
>
> 1. 민감한 안전규칙, 초기부터 강하고 명확하게 기준을 세워라.
> 2. 팀워크는 안전문화의 핵심이며, 약한 팀은 초기에 잡아라.
> 3. 음주, 숙취 등 기본 안전규칙은 관용 없이 적용해야 한다.

[관리자는 부지런한 반복의 무게를 견뎌야 한다.]

공사 현장에서 여러 도급사와 수십 명의 작업자에게 안전 메시지를 전달할 때, "이 정도면 충분하겠지"라는 판단은 착각의 시작이다. 현장은 매일 변하고, 작업자는 매일 바뀌며, 상황은 늘 새롭게 펼쳐진다. 그래서 나는 현장에 맞게 정리된 안전수칙이 있다면, 그것을 단발성이 아니라 수개월 동안 회의가 있을 때마다 반복하고 또 반복해야 한다고 생각했다.

'100번 말해야 1번 알아듣는다'는 말이 있다. 안전을 책임지는 관리자가 해야 할 일은 바로 이 반복의 무게를 견디는 것이다. 나조차 "이 얘기를 또 해야 하나" 싶은 순간이 오지만, 작업자들의 귀에 딱지가 앉을 정도로 전달해야 실제 행동으로 이어진다. 피드백이 없다고 조급해질 필요도 없다. 현장에서의 전달은 즉각적인 반응보다 반복을 통한 자연스러운 침투가 더 효과적이라는 것을 여러 차례 경험했다. 결국 안전은 마음속에 스며들어야 행동으로 나타난다.

'지시=이행'이라는 생각은 가장 위험한 착각

많은 관리자는 작업자에게 지시를 하면 반드시 지켜질 것이라고 생각한다. 원청, 고객사, 상사에게 받은 명령은 누구라도 따르는 것이 상식 같지만, 실제 현장은 정반대다. 커뮤니케이션 오류, 작업환경의 제한, 개인의 숙련도 차이, 작업자의 인식 부족 등 수많은 변수가 지시의 이행을 가로막는다. 그래서 작업자가 지시를 제대로 이행하지 않는 이유는 '의도적 거부'보다 '전달의 왜곡'이나 '환경적 제약'이 더 많다. 그럼에도 불구하고 이슈가 발생하면 상사는 "지난번에 지시했는데 왜 안 지켰는가?"라고 질책하곤 한다. 하지만 사고가 이미 난 뒤에 질책이 무슨 의미가 있겠는가. 중요한 것은 말로 한 지시가 현장에서 어떻게 구현되었는지를 확인하는 것이다.

나는 늘 "지시가 내려갔다고 해서 이행됐을 것으로 믿지 말자"라는 기준을 세웠다. 작업자에게 기본적인 안전수칙, 작업방법, 공정관리 등을 아무리 지시해도, 그것이 정확히 지켜지기 위해서는 현장 모니터링이 필수적이다. 지시의 전달과 이행 사이에는 반드시 '확인'이라는 다리가 놓여야 한다. 결국 안전은 말로 만드는 것이 아니라 행동을 확인하며 완성하는 것이다.

문서나 메일은 보조수단일 뿐, 행동 확인이 진짜 전달 방식이다

업무를 지시하는 책임자에게 흔히 나타나는 또 하나의 착각은 "메일이나 문서로 전달하면 지킬 확률이 높아질 것"이라는 믿음이다. 동일 업종이나 같은 그룹 내에서 재해가 발생하면, 책임자는 유사재해 방지대책을 담은 수평전개 문서를 정리해 전파한다. 이 문서는 각 도급사로 배포되고, 관리감독자는 다시 부서원들에게 전달하는 체계를 갖춘 것이 일반적이다. 그러나 현실은 다르다. 문서를 읽어보지 않는 경우가 훨씬 많고, 메일을 열어보지도 않거나 서한 따위를 책상 한쪽에 그대로 방치하는 경우도 흔하다. 문서가 전달되었다는 사실만으로는 아무것도 달라지지 않는다.

나는 그래서 "문서를 배포했으니 알아서 숙지했겠지"라는 생각을 철저히 버렸다. 오히려 문서보다 현장에서 직접 확인하고, 구체적 행동을 점검하는 것이 훨씬 효과적이라는 결론을 여러 번 내렸다. 지시는 명확하고 구체적이어야 하며, 한 번에 한 가지 행동에 집중해야 한다. 불필요하게 많은 지시는 현장의 혼란만 키운다. 또한 지시가 실천되면 그로 인해 어떤 이득이 있는지, 어떤 긍정적 변화가 생겼는지를 꾸준히 피드백해주는 것이 필요하다. 그럼에도 불구하고 동일한 문제가 반복된다면, 작업자의 문제가 아니라 지시 방식 자체를 되돌아봐야 한다. 결국 지시 전달의 핵심은 문서가 아니라, 반복적인 관찰과 끊임없는 소통이다. 이것이 현장의 안전을 지탱하는 유일한 방법임을 나는 늘 경험 속에서 확인해 왔다.

『건설안전관리 핵심 Point!』

1. 지시는 말하는 것이 아니라 반복하여 각인시키는 과정이다.
2. "지시=이행"이라는 믿음은 가장 위험한 착각이다.
3. 메일은 보조수단일 뿐, 현장에서의 확인이 진짜 전달이다.
4. 안전은 지시가 아니라 관찰, 소통, 반복으로 실천된다.

플랜트나 건축물 시공에서 계단을 구축할 때면 상시 점검을 주도하는 편이다. 계단은 건축물 내부에서 가장 빈번하게 사용되는 이동 경로다. 그렇기에 계단의 단높이와 단폭이 규칙적이지 않으면 평소에는 인지하지 못하던 작은 차이가 실제 작업자에게는 큰 사고 위험으로 이어지기 때문이다. 이러한 불규칙성은 걸려 넘어짐, 미끄러짐, 무게중심 상실 등 다양한 위험을 유발하고, 특히 고령 근로자나 몸이 불편한 작업자에게는 치명적일 수 있다.

계단은 단순한 구조물 같지만, 구조가 조금만 부정확해도 시간이 지나면서 하중을 버티지 못해 균열이 생기고, 결국 파손으로 이어질 가능성이 있다. 그래서 계단의 설계와 시공은 건축 기준과 안전 기준을 충족해야 하며, 이를 지키지 않으면 준공 자체가 불가하거나 법적 책임 문제가 발생할 수 있다.

프로젝트를 맡을 때마다 계단 설치 시 사용자의 안전을 최우선으로 반영하기 위해 모든 치수를 검토했고, 난간 역시 지주를 볼트 체결 후

전면 용접해 구조적 견고함을 확보했다. 난간은 계단에서 사고를 막기 위한 마지막 방어선이기 때문에 구조적 신뢰도를 확보하는 것이 필수다. 조그만 흔들림이나 유격도 근로자의 심리적 불안감을 유발해 사고 가능성을 높일 수 있기 때문이다.

안전성을 보증하는 강도, 하중, 낙하물 방지의 원칙

계단과 계단참을 설치할 때에는 제곱미터당 500kg 이상의 하중을 견딜 수 있도록 설계해야 하며, 구조적 안정성을 판단하는 안전율은 최소 4 이상이어야 한다. 이는 단순한 숫자의 나열이 아니라, 계단이 오랜 기간 동안 얼마만큼의 외력을 버틸 수 있는지를 증명하는 안전의 기초다.

나는 도급사와 함께 직접 강도를 확인하기도 했는데, 스카이 장비에 시멘트 더미를 올려 무게를 견뎌내는지 시험하는 방식으로 수시로 점검했다. 당시 현장에서는 이 실험을 스스로 '그라비티 테스트(Gravity test)'라고 부르며 체계화했다. 가벼운 장난처럼 보일 수도 있지만, 실제 하중을 직접 체감하는 검증은 종종 숫자로 된 매뉴얼보다 더 강력한 교육과 경각심을 제공했다. 실험과정을 문서화했고 다른 공사현장에도 사진 등을 공유를 했다. 반응이 좋아 실제로 벤치마킹을 하겠다는 시공사가 생겼던 사례이기도 하다.

계단이나 승강구 바닥이 구멍이 있는 재료로 제작될 경우, 위에서 공구가 떨어져 아래 작업자를 다치게 할 위험이 발생한다. 떨어진

렌치나 스패너는 단순 분실에서 끝나지 않고 기계 손상, 설비 파손, 사람의 생명까지 위협한다.

현행 산업안전보건 기준에서도 낙하물 방지 조치를 의무화하고 있으며, 이를 위반할 경우 감독기관의 시정명령, 벌금, 심할 경우 공사 중지까지 이어질 수 있다. 그만큼 계단과 승강구는 '수평 이동 구조물'이 아니라 상하 작업자 모두의 안전을 연결하는 공간이라는 개념으로 접근해야 한다.

모든 사람이 안전하게 이동할 수 있는 계단의 기준

모든 산업현장에서 계단의 폭은 원칙적으로 1m 이상이어야 하며, 이는 작업자들이 서로 마주치거나 도구를 들고 이동할 때 충분한 공간을 확보하기 위함이다. 급유용, 보수용, 비상용, 나선형 계단만 제한적으로 예외가 허용된다. 또한 계단에는 손잡이 외의 물건을 적재하면 안 되며, 바닥면으로부터 2m 이내 공간에는 어떤 장애물도 존재해서는 안 된다.

높이가 3m를 초과하는 계단에는 반드시 1.2m 이상의 계단참을 설치해야 하는데, 이는 단순한 법적 기준이 아니라 사용자 안전을 위한 완충 장치다. 장시간 오르내릴 때 피로가 누적되면 균형을 잃기 쉽고, 현기증과 호흡곤란 등 신체적 부담도 크다. 계단참은 이러한 신체적 가중을 줄여주는 중간 지점이자, 비상 시 잠시 대기하거나 방향을 재정비할 수 있는 작은 피난 공간 역할도 한다.

특히 대형 건축물에서는 계단참이 피난층, 비상구, 설비 점검 공간으로 활용되기도 하며, 사용자에게 심리적 안전감을 부여한다. 긴 계단을 한 번에 올라야 한다면 누구라도 불안해지지만, 일정 간격의 계단참은 움직임을 세분화하여 사고 위험을 현저히 낮춘다. 계단은 단순 수직 이동 구조물이 아니라, 사용자 동선 전체를 안전하게 설계하기 위한 종합 구조물이라는 점을 잊어서는 안 된다.

『건설안전관리 핵심 Point!』

1. 계단은 가장 기초적이지만 사고 위험이 가장 빈번하게 발생하는 구조물이다.
2. 하중, 강도, 난간, 낙하물 방지 등 므든 요소는 사용자 안전을 최우선 기준으로 설계해야 한다.
3. 계단참은 피로 방지뿐 아니라 비상 시 생명을 지키는 핵심 요소다.
4. 계단 설치 기준 준수는 품질 문제가 아니라 근로자의 생명을 보호하는 필수 조건이다.

[안전난간은 근로자의 생명을 지키는 필수 구조물이다.]

현장에서 4단 이상 계단의 개방된 측면에는 반드시 안전난간대 (Guardrail)를 설치해야 한다. 단순한 구조물이 아니라, 추락사고를 예방하고 법적 안전기준을 충족하기 위한 최소한의 보호장치이기 때문이다. 안전난간대는 사람이 실수로 발을 헛디뎌 떨어지는 것을 막아줄 뿐 아니라, 작업 중 도구나 자재가 아래층으로 낙하하는 것을 예방해 2차 사고를 방지하는 역할도 한다.

특히 높은 위치에서 작업할 때 근로자에게 주는 심리적 안정감은 매우 크다. 난간이 없는 현장은 작업자들이 몸을 더 움츠러들게 만들고, 행동도 불안정해진다. 그에 반해 안정된 난간은 작업자의 몸 중심을 자연스럽게 잡아주기 때문에 작업 능률과 집중력이 향상되는 효과가 있다.

프로젝트를 맡을 때마다 계단과 계단참, 발코니 주변의 모든 개방 면에 대해 난간 설계 및 시공 상태를 여러 차례 검토했다. 난간기둥은 2m 이내 간격으로 배열하고, 목재 난간은 충분한 단면 강도를 갖춘 자재만 사용하며, 금속 난간은 최소 지름 기준을 충족한 파이프만 설치하도록 했다. 또한 난간의 어느 지점을 눌러도 100kg 이상의 하중에 견딜 수 있는지를 수시로 직접 점검했다. 견고하지 않은 난간은 사고를 막기는커녕 오히려 사고를 유발하는 요소가 된다.

안전난간의 구조적 요건은 결코 '선택'이 아니라 '필수 기준'이다

안전난간의 설치 요건은 상부난간대, 중간난간대, 발끝막이판, 난간기둥으로 구성되며, 이 요소들이 모두 정확한 위치와 간격을 충족해야 한다. 상부난간대는 바닥이나 발판 상면에서 90cm 이상, 120cm 이하로 설치해 근로자의 몸을 확실히 지탱할 수 있어야 하고, 중간난간대는 그 중간 지점에 배치해 사람의 상체뿐 아니라 하체가 빠져나가는 위험도 차단한다.

발끝막이판(Toe board)은 바닥면으로부터 최소 10cm 이상의 높이를 확보해야 하며, 이는 작업 중 작은 공구나 자재가 미끄러지거나 발로 차여 아래층으로 떨어지는 사고를 예방한다. 좁은 틈 하나가 중대재해로 이어질 수 있기에, 발끝막이판은 단순 보조 장치가 아니라 필수 구성 요소다.

난간기둥은 상부난간대와 중간난간대를 견고하게 지지할 수 있는 간격으로 설치하고, 난간대는 전체 길이에서 바닥이나 경사면과 평행을 유지해야 한다. 난간대는 지름 2.7cm 이상의 금속 파이프나 그 이상의 강도를 가진 자재를 사용해야 한다. 그 어떤 구간도 휘거나 흔들림이 있으면 즉시 보강해야 하며, 불량 구간이 조금이라도 있으면 난간

전체가 안전기준에 부적합한 것으로 판단된다.

이 기준들은 단순한 권고사항이 아니라 법적 요구사항이며, 이를 위반하면 벌금, 작업중지, 행정조치 등 강한 제재를 받을 수 있다. 추락은 한 번 발생하면 목숨과 직결되는 사고인 만큼, 난간 설치는 현장소장·감리·관리감독자가 절대 가볍게 여겨서는 안 되는 공종이다.

난간 설치는 규정 준수가 아니라 현장에 맞는 '안전 확보'의 과정이다

현장에서 난간 설치는 종종 "설치만 하면 된다"는 형태로 오해되지만, 실제로는 사용자의 작업 특성, 작업량, 접근 동선, 기상조건, 하중 변화, 주변 공종과의 간섭 등을 모두 고려하여 반복 점검해야 한다. 특히 고소작업이 많거나, 야간 작업이 이뤄지는 계단이나 승강구, 통로에서는 난간의 설계 기준을 넘어서 현실적 안전성을 강화할 필요가 있다.

높은 곳에서 심리적으로 불안한 상태에서 작업을 수행하면 사람은 작은 틈에도 쉽게 미끄러지고, 균형을 잃기 쉽다. 그래서 안전난간은 단순히 '기준에 맞춘 구조물'이 아니라, 근로자의 몸을 지탱하는 현장의 최후 안전선이다.

예를 들어 비계 인접 구간이나 임시 계단의 난간은 공사 진행에 따라 충격을 받을 가능성이 높기 때문에 설치 후 며칠이 지나도 다시 점검해야 하고, 공구나 장비가 난간에 부딪힐 수 있는 공정에서는 발끝막이판이 제대로 기능하는지를 반드시 확인해야 한다. "처음 설치했으니 괜찮겠지"라는 방심은 결국 사고로 이어진다.

안전난간의 설치 목적은 규정 준수에 그치지 않는다. 그것은 곧 근로자의 생명과 현장의 지속 가능성을 보장하기 위한 본질적 안전관리 행위다.

『건설안전관리 핵심 Point!』

1. 안전난간은 추락을 막는 장치가 아니라 근로자의 생명을 지키는 구조물이다.
2. 상부난간대, 중간난간대, 발끝막이판, 난간기둥 등 구성요소는 단 하나라도 빠지면 안전기능이 무너진다.
3. 난간은 설치 이후에도 반복 점검해야 하며, 흔들림과 유격은 즉시 보수해야 한다.
4. 규정 준수는 출발점이며, 현장의 실제 위험까지 고려한 난간 설치가 진짜 안전관리다.

작업장 바닥은 늘 눈앞에 있지만, 오히려 너무 익숙해서 위험성을 간과하기 쉬운 구역이다. 바닥에 균열, 요철, 돌출물이 있으면 작업자는 작은 움직임에도 쉽게 걸려 넘어질 수 있다. 또한 물기나 기름, 먼지, 시멘트 가루 같은 미세 이물질은 예상치 못한 미끄럼 사고로 이어져 골절과 부상 위험을 크게 높인다.

이 문제는 작업자에게만 해당되지 않는다. 건설중장비 역시 바닥 상태에 민감하다. 평탄하지 않거나 지반이 약한 구역에서는 굴착기, 포크레인, 지게차 등이 균형을 잃어 위험 상황이 발생할 수 있고, 장비의 타이어나 유압 구조에 손상이 생겨 공정 자체가 중단될 수 있다. 실제로 산업안전보건 기준에서도 작업장의 바닥을 항상 안전하고 청결한 상태로 유지할 것을 명확하게 요구하고 있으며, 이를 소홀히 한 현장은 크고 작은 재해가 빈번히 발생한다. 바닥 상태는 매일 점검해야 하며, "이 정도면 상관없겠지"라는 판단은 가장 위험한 착각이다.

균열, 오염, 장애물, 하중까지, 바닥 점검은 하루도 빼놓지 마라

우선 육안 점검을 통해 균열, 파손, 움푹 패인 곳, 돌출된 부분의 유무를 확인하고, 물기와 기름, 슬러지 등 미끄럼 유발 요소가 있다면 즉시 제거해야 한다. 바닥 위에 방치돈 공구, 자재 조각, 포장재, 폐기물이 있다면 작은 것 하나라도 제거하는 것이 원칙이다. 어두운 구역이나 반사광으로 인해 바닥이 잘 보이지 않는 작업장에서는 반드시 별도의 조명을 사용해 상세히 확인해야 한다. 손전등과 헤드라이트가 단순 보조도구가 아니라 바닥 점검의 필수 장비로 여겨지는 이유다.

장비 이동이 많은 현장에서는 별도의 기술 점검도 필요하다. 레벨 측정기를 이용한 바닥 평탄도 확인, 미끄럼 저항 테스트, 그리고 특정 장비나 자재가 버틸 수 있는 하중 테스트까지 병행해야 한다. 바닥의 강도를 제대로 판단하지 못하면 중량물 운반 중 지반 붕괴나 바닥 파손이 발생할 수 있어, 이는 한순간에 대형 사고로 이어진다.

나는 현장에서 중장비가 이동하는 구간을 따로 지정하고, 매일 일정 시간마다 바닥 상태를 반복 점검하도록 했다. 바닥은 눈으로 보이는 면적이 넓기 때문에 '대충 본다'는 태도로는 결코 관리가 되지 않는다. 바닥 점검은 대부분의 사고를 사전에 차단할 수 있는 가장 직접적이고 효과적인 방법이다.

현장 특성에 맞는 대책과 적정 작업 높이를 확보하는 발판 설치

특히 겨울철에는 바닥 점검의 중요성이 두 배로 높아진다. 낮은 온도에서 바닥의 물기는 빠르게 결빙되고, 얇은 얼음막은 눈으로 식별하기 어렵기 때문에 미끄럼 사고가 급증한다. 배수 시설이 제대로 작동하는지, 얼어붙은 구간은 없는지, 중장비가 지나가면서 눈 또는 얼음을 눌러 더욱 미끄럽게 만드는 상황은 없는지 꼼꼼히 확인해야 한다. 필요하다면 미끄럼 방지 매트나 논슬립 코팅, 거친 표면 처리 등 다양한 보조 장치를 즉시 설치해야 한다. 장비 이동 구간에서는 타이어 흔적이 반복적으로 바닥을 마모시키기 때문에 이 구간에 대한 보강 작업도 필수다. 바닥 손상은 시멘트 분진을 발생시키고 이는 미끄럼뿐 아니라 호흡기 문제까지 유발할 수 있어 영향을 넓게 미친다.

또한 공사현장은 구역마다 높낮이가 제각각이라 작업자가 불편한 자세를 장시간 유지해야 하는 경우가 많다. 기계나 설비의 조작부가 작업자의 키에 비해 지나치게 높거나 낮으면 자세가 무너지며 사고로 이어질 위험이 높아진다. 이러한 경우에는 설비 높이를 조절하는 대신 적절한 작업발판을 설치하는 것이 현실적이면서도 안전한 해법이다.

『건설안전관리 핵심 Point!』

1. 바닥 상태는 늘 눈앞에 있지만 가장 치명적인 사고 원인이다.
2. 균열, 장애물 제거는 기본이며, 평탄도와 하중까지 점검한다.
3. 적정 작업 높이를 확보하는 발판은 유용하지만, 추락 방지 조치와 함께 사용해야 한다.

작업장에 출입구를 설치할 때 가장 먼저 고려해야 할 요소는 작업자의 안전과 이동 효율성이다. 출입구는 단순히 공간을 오가는 통로가 아니라, 현장의 작업 흐름을 결정하고 사고 가능성을 줄이는 핵심 구조물이다. 따라서 설계 단계부터 산업안전보건법과 건설기준에 따라 구조와 위치, 규격을 명확하게 검토해야 한다. 출입구의 위치와 수량, 크기는 작업장의 특성과 동선에 맞게 배치되어야 하며, 문이 설치되는 경우에는 누구나 쉽게 열고 닫을 수 있어야 한다. 특히 하역운반기계가 드나드는 출입구는 보행자 통로와 구분해 설치해야 하며, 장비 이동과 사람 이동이 한 공간에서 섞이지 않도록 동선을 명확히 분리하는 것이 필수다.

또한 장비 이동 통로 옆 출입구에서 근로자와 장비가 접촉할 위험이 존재할 경우, 비상등, 비상벨 등 즉각적인 경보장치를 추가하여 위험을 사전에 차단해야 한다. 계단이 출입구와 바로 연결되는 구조일 때는 근로자가 갑작스레 계단으로 진입하는 사고를 막기 위해 충분한 완충 공간을 확보해야 한다. 이처럼 출입구는 건물의 부속물이 아니라, 현장 운영과 안전을 종합적으로 반영해야 하는 안전 설비다.

동력으로 작동되는 문은 편의성과 안전성을 동시에 충족한다

최근 많은 작업장에서 자동문 형태의 동력식 출입문을 선호하는 경향이 뚜렷하다. 손이나 발을 사용하지 않고도 자동으로 열리고 닫히기 때문에 물건을 들고 이동하거나 중장비를 비켜가며 오가는 작업 환경에서 큰 장점을 가진다. 특히 물류와 창고 작업장은 이동량이 많고 속도가 중요한 만큼 자동문이 효율성을 높여준다. 자동문은 안전 측면에서도 이점이 많다. 문틈에 손이나 몸이 끼는 사고를 줄이도록 설계되어 있고, 비상상황에서는 즉각 열릴 수 있는 기능이 포함된 경우도 많아 대피에도 유리하다. 또한 출입 통제 시스템과 연동해 무단 출입을 방지할 수 있어 보안 관리에 도움이 된다. 이 모든 기능은 작업자가 문을 열거나 닫는 데 불필요한 힘을 들이지 않도록 해 준다. 큰 자재나 장비를 취급하는 작업자에게 자동문은 작업 부담을 줄여주는 보이지 않는 지원 장치라고 할 수 있다.

동력식 출입문을 사용하는 작업장은 외부 기온과 실내 온도가 크게 차이 나는 계절에는 에너지 절감 효과까지 얻을 수 있다. 사람이 지나간 직후 자동으로 닫히기 때문에 외부 공기의 유입을 막아 냉난방 에너지 손실을 최소화하며, 이는 장시간 작업이 이루어지는 큰 현장에서는 매우 큰 효율로 이어진다. 결국 동력식 출입문은 안전과 효율, 에너지 관리까지 고려한 종합 시스템이라고 할 수 있다.

자동문 안전장치는 '편의'가 아니라 반드시 갖춰야 할 필수 요건

동력으로 작동되는 문을 설치할 때는 반드시 안전장치를 함께 고려해야 한다. 근로자가 끼일 위험이 있는 2.5m 높이까지는 비상정지장치를 설치해, 위급한 상황에서 즉각 문 작동을 멈출 수 있도록 해야 한다. 이는 자동문이 가진 편의성이 오히려 사고로 이어지지 않도록 하는 최소한의 방어선이다.

비상정지장치는 누구나 쉽게 찾을 수 있는 위치에 있어야 하고, 조작도 복잡하지 않아야 한다. 문이 작동 중 동력이 끊어질 경우 자동으로 멈추도록 설계해야 하며, 필요 시 수동으로도 쉽게 열고 닫을 수 있어야 한다. 특히 자동문을 수동으로 조작하는 상황에서는 제어장치가 즉시 반응해 문을 정지시키는 구조여야 하며, 이는 화재나 정전, 기계 오작동 상황에서 생명을 지키는 중요한 설계 기준이 된다.

『건설안전관리 핵심 **Point!**』

1. 출입구는 단순 통로가 아니라 작업자의 생명과 이동 효율을 결정하는 구조물이다.
2. 자동문은 편의성뿐 아니라 비상상황 발생 시 대피, 보안, 에너지 절감 효과까지 제공하는 안전 설비다.
3. 동력식 출입문에는 비상정지장치, 수등조작 기능 등 필수 안전 장치가 반드시 필요하다.

작업장에서 창문을 설치하는 일은 단순히 외부 풍경을 보여주기 위한 행위가 아니다. 창문은 채광, 환기, 온도 조절, 비상 대피 등 여러 기능을 동시에 수행하는 구조물로, 설치 과정에서 반드시 안전 기준을 종합적으로 검토해야 한다. 창문의 위치와 크기, 재질, 개폐 방식은 현행 법규를 준수해야 하고, 특히 비상탈출구 역할을 겸하게 되는 창은 규정된 크기와 열리는 방향을 충족해야 한다. 비상상황에서 근로자가 탈출 가능한지를 결정하는 요소이기 때문이다.

또한 창문은 단순히 벽에 구멍을 내는 것이 아니라, 작업 환경의 질을 좌우하는 핵심 요소다. 자연 채광이 확보되지 않으면 작업자의 피로도가 높아지고, 환기가 부족하면 공기질 악화로 작업 효율이 저하되며, 장비와 자재에도 영향을 미친다. 그래서 나는 창문 설계 단계에서부터 최소 채광량, 환기량, 배치 높이, 외부 환경 조건 등을 하나하나 검토했다. 창문은 결국 작업자의 호흡, 시야, 안전, 심리 상태까지 관여하는 구조물임을 잊어서는 안 된다.

환기와 단열, 소음까지, 창문은 환경 제어 시스템의 일부다

작업장 내부 공기질은 근로자의 건강뿐 아니라 생산성에도 직접적인 영향을 미친다. 따라서 창문은 충분한 환기 성능을 갖기 위해 적절한 크기와 위치에 배치되어야 한다. 오염물질이 쌓이는 고온 구역, 용접 구역, 도장 구역 등에서는 배기팬과 연동해 환기 효과를 극대화해야 하고, 외부 공기의 유입이 필요한 구역에서는 창문을 통한 자연 환기가 큰 도움이 된다.

또한 외부 기온과 실내 온도의 차이로 발생하는 결로는 작업장 내 자재 부식, 곰팡이, 바닥 미끄럼 등 다양한 위험을 유발한다. 이런 문제를 예방하기 위해 창문에는 일정 수준의 단열 기능이 필요하며, 필요 시 이중창·삼중창을 설치해 에너지 손실을 줄일 수 있다. 작업장이 도로와 가깝거나 공장 소음이 심한 환경이라면 방음 성능도 중요한 고려 요소다. 소음은 작업자의 집중력, 스트레스, 의사소통에 영향을 미치기 때문에 창문 설계 단계에서부터 방음 창호 적용 여부를 판단해야 한다.

즉 창문은 단순한 채광과 환기 장치를 넘어서, 작업 환경을 안정시키고 유지하는 종합적인 환경 제어 시스템이다. 이 기능이 제대로 구현되지 않을 경우, 작업자의 컨디션과 사고 위험도 직접적으로 영향을 받는다.

내구성, 재질, 개폐 구조까지 현장 조건에 맞는 창문이어야 한다

창문 프레임이나 유리는 현장의 특성에 맞는 내구성을 갖춰야 한다. 화학약품을 사용하는 작업장에서는 내화학성 재질의 창호를 적용해야 하고, 고열 공정이 있는 구역에서는 변형이나 파손에 강한 내열성 창호를 사용해야 한다.

또한 강화유리나 안전유리를 사용하면 파손 시 유리 파편으로 인한 2차 사고를 크게 줄일 수 있다. 나는 현장에서 창문 파손 사고로 근로자의 손·팔이 베이는 사례를 경험하면서, 모든 창문을 안전유리 기준 이상으로 적용하도록 했다. 파손은 '언제든 일어날 수 있는 사고' 이기 때문에 창문 자체의 내구성은 아무리 강조해도 지나치지 않다.

설치 위치 또한 중요하다. 창문이 개폐될 때 작업자의 동선과 충돌하거나, 장비 이동을 방해하거나, 바람으로 문이 급작스럽게 열려 부딪히는 등의 위험이 없어야 한다. 청소나 점검이 필요한 경우에는 작업자가 안전한 자세로 접근할 수 있도록 보조 도구나 발판을 제공하는 것도 반드시 포함해야 한다.

『건설안전관리 핵심 Point!』

1. 창문은 채광, 환기, 비상대피까지 포함한 종합 안전 설비다.
2. 단열과 환기, 방음은 작업 효율과 근로자 건강에 직결된다.
3. 안전유리, 내구성 등 현장에 적합한 자재 선택이 필수다.
4. 개폐 시 작업 동선을 방해하지 않도록 설치 위치와 접근 안전성을 반드시 검토하라.

깔끔하고 안전한 작업장은 작업자에게 신뢰감을 주며 현장 전체의 분위기를 안정적으로 만든다. 반대로 사고가 반복되는 현장은 부정적인 인식이 자리 잡으며, 이는 곧 기업의 브랜드 가치 하락으로 이어진다.

특히 붕괴는 작업장에서 발생할 수 있는 사고 중 가장 치명적인 유형이다. 기계 및 설비, 비계와 가설 구조물 등 각종 시설물은 겉으로 보기에는 멀쩡해 보이더라도, 내부 구조적 결함이나 하중 초과, 설치 불량 등으로 붕괴 위험을 내포할 수 있다. 이러한 불안 요소는 작업자들의 심리적 긴장감을 높이고 작업 능률을 떨어뜨리며, 심한 경우 작업 자체를 위축시키기도 한다.

나는 현장에서 구조물의 안전 여부를 매일 점검하는 일을 기본 중의 기본으로 여겼다. 사고는 보통 대단한 원인보다는 작은 변형과 미세한 흔들림, 볼트 하나의 풀림에서 시작되기 때문이다.

붕괴 사고는 한 번 발생하면 회복이 어려운 대형 리스크다

붕괴 사고는 단순한 시설 파손을 넘어 공정 중단, 장비 교체, 인력 손실, 법적 책임 등 다양한 후폭풍을 일으킨다. 특히 크레인, 고소

작업대, 비계 구조물 등 대형 장비가 관련된 붕괴 사고는 주변 설비까지 연쇄적으로 파괴하며 전체 공사 일정에 심각한 지장을 준다. 이는 명백한 재정적 손실로 이어지고, 이후 현장의 안전 관리 능력에 대한 외부의 신뢰도까지 떨어지게 만든다.

또한 붕괴는 인명사고로 이어지는 경우가 많아, 한 번의 사고가 기업에 막대한 법적, 사회적 타격을 줄 수 있다. 설비가 무너져 발생한 유해물질 누출, 건축물 일부 파괴로 인한 인근 지역 피해 등 환경적 손실도 상당하다. 이러한 모든 위험 요소는 결국 사전 예방만이 유일한 해결책임을 증명한다. 현행 안전 기준에서도 구조물이나 건축물은 자체 하중뿐 아니라 적설, 풍압, 작업 중 부하 및 중량물 이동 등 추가적인 하중에도 견뎌야 하며, 위험이 의심될 경우 지체 없이 안전진단을 실시하도록 명시하고 있다. 점검은 단순히 문제 없는지 보는 행위가 아니라, 구조물 전체의 생명을 주기적으로 확인하는 과정이다.

나는 현장에서 대형 설비나 구조물이 설치될 때마다 반복적으로 하중 상태를 확인하고, 바람이 강한 날이나 장비 이동량이 많은 날에는 추가 점검을 실시했다. 구조물은 정적인 물체가 아니라, 현장의 변화에 따라 지속적으로 스트레스를 받는 '살아있는 요소'이기 때문에 반복 점검 없이는 안전을 담보할 수 없다.

일상적 점검이 가장 강력한 붕괴 예방 전략이다

붕괴 사고는 갑작스럽게 일어나는 것처럼 보이지만, 실제로는 그 이전에 명백한 전조 현상이 존재하는 경우가 많다. 볼트 풀림, 하중지지대의 미세 흔들림, 비계 기둥의 수직 불량, 장비 받침대의 침하, 콘크리트 균열 등은 모두 위험 신호다. 하지만 이러한 작은 이상을 현장에서 매일 확인하지 않으면 쉽게 놓치게 된다.

그래서 나는 작업자 교육에서도 "큰 위험은 작은 징후에서 시작된다"고 반복해서 강조했다. 구조물에 이상 신호가 보이면 반드시 즉시 보고하도록 하고, 관리자 역시 현장의 모든 구조물을 '오늘 처음 보는 것처럼' 관찰하는 자세를 유지해야 한다. 붕괴는 순간의 방심을 절대 용서하지 않는다.

결국 시설물 붕괴 예방은 복잡한 기술보다 기본 점검의 꾸준함에서 완성된다. 사전 점검과 관리체계가 잘 갖춰지면 사고는 거의 발생하지 않는다. 하지만 이 기본을 소홀히 하면, 어느 날 갑자기 현장은 회복하기 어려운 사고의 중심에 서게 된다.

[낙하, 그 한 번이 치명상을 만든다.]

현장에서 낙하물은 가장 빈번하게 발생하는 위험요소이면서도, 가장 예측하기 어려운 사고 유형이다. 중량물, 공구 및 자재 조각, 볼트 하나에 이르기까지 크기와 무게를 불문하고 '위에서 아래로 떨어지는 물체'는 항상 작업자와 주변인의 생명을 직접적으로 위협한다. 특히 고소 작업이 많은 건설현장에서는 낙하물 사고가 곧 치명적인 부상이나 사망사고로 이어질 확률이 매우 높다.

낙하물 사고는 대부분 끊임없는 움직임 속에서 발생한다. 작업자가 주의를 한순간만 놓쳐도 자재가 발끝에서 밀려 떨어지거나, 바람에 흔들린 공구가 비계 틈 사이로 빠져나가는 등 예기치 못한 상황이 쉽게 벌어진다. 한 번 떨어진 물체는 중력 가속도를 타고 순식간에 위협적인 속도와 충격력을 갖기 때문에 "작은 물체라 괜찮겠지"라는 생각은 절대 금물이다. 현행 산업안전보건 기준에서도 낙하물 방지를 위한 보호망, 덮개, 울타리 등의 설치를 분명히 요구하고 있으며, 이를 무시한 현장은 법적 제재와 벌금, 심지어 공사 중단 조치까지 받을 수 있다. 결국 낙하물 위험을 관리한다는 것은 단순한 현장 정리 차원이 아니라, 근로자의 생명과 직결된 필수 안전관리 행위다.

낙하물 사고는 현장의 생산성과 심리 안전까지 무너뜨린다

쾌적하고 안정된 작업 환경은 작업자의 집중력과 능률을 향상시키지만, 낙하물 사고가 발생하는 순간 모든 흐름은 단번에 무너진다. 사고가 발생하면 작업을 즉시 중단해야 하고, 원인 조사와 구역 봉쇄, 복구 작업 등 여러 조치가 이어지면서 현장 생산성은 급격히 떨어진다. 더 큰 문제는 작업자의 심리적 불안이다. "위에서 무엇이 떨어지면 어쩌지?"라는 생각이 자리 잡으면 작업은 절대 안정적으로 진행될 수 없다. 불안감은 집중력을 떨어뜨리그, 작은 작업 실수와 연쇄적 사고로 이어지는 경우도 많다. '낙하물 공포'는 단순한 스트레스를 넘어, 작업자의 건강과 장기적인 근무 의지에도 악영향을 준다.

또한 낙하물은 장비, 설비, 재료에 직접적인 손상을 남긴다는 점에서도 문제다. 예를 들어 고소에서 떨어진 스패너 하나가 민감한 장비 위로 떨어지면 내부 부품이 파손되어 큰 비용 부담과 공정 지연을 야기한다. 이러한 손실은 결국 기업의 추가 비용과 일정 차질로 이어지며, 현장의 완성도에도 영향을 준다.

그래서 나는 현장에서 바닥과 통로 등 사람이 이동하는 모든 구역에 대해 낙하물 위험 여부를 반복적으로 점검했다. 위험성이 조금이라도 있다고 판단되는 구간은 즉시 보호망을 설치하거나, 하방 구역을 작업금지 구역으로 전환해 출입을 통제했다. '낙하 가능성'이 보인다면 그 즉시 조치하는 것이 가장 빠르고 정확한 예방 방법이다.

낙하물 위험 관리는 사전 확인과 즉각 조치가 핵심이다

낙하물은 대형 자재뿐 아니라, 볼트, 용접봉 끝, 절단 잔여물처럼 작고 가벼운 요소에서 더 자주 발생한다. 그리고 이런 작은 물체일수록 작업자가 무심코 방치하거나 휴식시간 동안 정리되지 않은 상태로 남아 있어 사고로 이어진다.

따라서 고소 작업 구역이나 비계 주변, 자재 조립 라인, 하역 구역 등은 '낙하 가능성'을 기본 가정으로 두어야 한다. 작업 중간마다 작업대를 정리하고, 공구 포켓 사용을 생활화하며, 개구부 주변에는 반드시 낙하물 방지 설비를 설치해야 한다. 특히 바람이 강하거나 비가 내리는 날에는 낙하물 위험이 더욱 증가하기 때문에 추가적인 보호망이나 안전조치를 배치하는 것이 필수적이다. 결국 낙하물은 "미리 확인했느냐 아니냐"로 사고 여부가 갈린다. 사전 점검과 즉각 조치가 낙하물 사고 예방의 전부라고 해도 과언이 아니다. 위험요소는 시간이 지나면 스스로 사라지지 않는다. 사람의 손으로 정리하고, 점검하고, 보완해야만 사라진다.

『건설안전관리 핵심 Point!』

1. 낙하물은 작아도 치명적이다. 위험 개소를 먼저 찾아라.
2. 보호망, 덮개, 근로자 출입 통제 등 낙하물 방지 조치는 법적 의무이자 생명 보호 장치다.
3. 작은 공구 하나라도 "떨어질 수 있다"는 전제로 관리하라.

비상구는 위기 상황에서 사람을 살리는 최후의 출구이다.

작업장에 비상구를 설치하는 목적은 단순히 법을 지키기 위해서가 아니다. 비상구는 화재, 폭발 및 가스누출 등 예기치 못한 사고가 발생했을 때, 작업자와 방문자를 살려내기 위한 마지막 보호 장치다. 비상구는 대피 경로 중 가장 빠르고 안전한 길을 제공하며, 특히 연기와 유독가스가 확산되는 화재 상황에서는 생존율을 결정짓는 요소가 된다. 실제 현장에서는 비상구 존재 여부보다 그 비상구가 제대로 작동하느냐가 더 중요하다. 문이 잠겨 있거나 장애물이 쌓여 있다면, 대피로는 순식간에 "함정"으로 변할 수 있기 때문이다.

대규모 사업장이나 고층, 밀폐 작업장에서는 비상구의 중요성이 더욱 커진다. 비상구는 단순 탈출 통로가 아니라, 방화문, 방화벽 등과 함께 연기 확산을 지연시키고, 대피 시간을 벌어주는 구조적 안전장치다. 즉, 비상구의 설치는 모든 작업자가 안전하게 살아 돌아가기 위해 반드시 지켜져야 하는 생명선이다.

비상구는 명확한 대피 경로를 제공할 수 있어야 한다

비상 상황에서는 누구라도 패닉 상태에 빠지기 쉽다. 연기와 소음,

어둠 속에서 방향 감각을 잃기 때문에 대피로가 명확하게 마련되어 있지 않으면 근로자들은 잘못된 방향으로 움직이거나 뒤엉키면서 2차 사고가 발생한다. 따라서 비상구는 한눈에 알아볼 수 있도록 위치가 분명해야 하고, 대피 경로는 장애물 없이 곧게 이어져야 한다. 비상구가 출입구와 너무 가까이 있거나 동일한 방향에 있으면 대피 시 한 지점에 사람들이 몰려 혼란이 커질 수 있기 때문에 출입구로부터 일정 거리(3m 이상)를 확보하는 구조가 요구된다.

또한 작업장의 어느 지점에서든 50m 이내에 비상구 또는 출입구에 도달할 수 있어야 하며, 비상구의 너비는 최소 0.75m, 높이는 1.5m 이상이어야 한다. 이 기준은 사람이 불안한 상황에서도 몸을 낮추거나 짐을 든 상태에서도 빠르게 통과할 수 있도록 고려된 최소 조건들이다. 비상문은 반드시 피난 방향으로만 열리도록 설계해야 하고, 실내에서는 항상 열 수 있는 구조여야 한다. 문이 안쪽으로 열리거나 잠겨 있다면, 비상 상황에서 출구가 제 기능을 하지 못한다. 내부·외부 모두 비상구임을 알 수 있도록 표기를 명확히 하는 것도 필수다. 대피는 시간 싸움이므로 시각적 안내는 곧 생존율이다.

비상구는 설치보다 유지가 더 중요하며, 항상 '사용 가능한 상태' 여야 한다

비상구는 설치만 해서 끝나는 구조물이 아니다. 항상 작동 가능한 상태로 유지하는 것이 진짜 비상구 관리다. 문이 잠겨 있거나 앞에 물건이 쌓여 있다면, 비상구는 이름만 남은 '장식품'에 불과하다. 화재

시 연기와 불길은 몇 초 단위로 확산된다. 단 10초만 대피가 지연되어도 상황은 완전히 달라진다. 실제로 많은 사고 사례에서 비상구가 잠겨 있거나 막혀 있어 대피가 지연된 경우가 있었다. 이런 문제는 법적 책임뿐 아니라 도덕적 책임으로 이어지며, 사업주에게는 회복하기 어려운 타격이 된다. 비상구는 절대 잠금 장치를 사용해서는 안 되고, 앞에 쌓인 물건도 즉시 제거해야 한다. 비상구 앞은 어떤 경우에도 절대 비워두어야 하는 '절대구역'이다.

또한 비상구는 정기적인 점검이 필수다. 개폐 상태, 힌지, 도어클로저 작동 여부, 문틀 변형 여부, 비상 표지판 점등 상태, 통로 장애물 여부 등을 주기적으로 확인해야 한다. 비상구가 늘 사용 가능한 상태로 유지되면, 작업자들은 긴급 상황 발생 시 자신이 안전하게 탈출할 수 있다는 심리적 안정감을 갖게 된다. 이는 작업 환경 전반의 안정성과 쾌적성 향상으로 이어진다.

『건설안전관리 핵심 Point!』

1. 비상구는 작업자의 생명을 지키는 최후의 안전장치다.
2. 대피 경로는 장애물 없이 명확해야 하며, 비상구는 피난 방향으로 즉시 열려야 한다.
3. 비상구는 설치보다 유지가 더 중요하며, 항상 사용 가능한 상태를 유지해야 한다.

비상 설비는 있기만 하면 되는 장치가 아니다.

건설 현장에서 비상용 설비인 비상구, 소방설비, 대피로, 경보 시스템 등은 항상 누구나 쉽게 이용할 수 있어야 한다. 이는 단순한 편의가 아닌 위기 순간에 사람을 살리는 필수 요소이기 때문이다.

건설 현장은 화재, 폭발, 붕괴, 감전, 유해물질 누출 등 다양한 돌발 상황이 동시에 발생할 수 있는 복합 위험 공간이다. 따라서 비상 설비의 역할은 "장비가 있다"는 존재 자체에 있는 것이 아니라, 필요한 순간 즉시 작동하고 접근할 수 있는 상태에 있는 것이다.

예를 들어 대피로와 비상구 앞에 짐, 공구박스, 자재 더미가 쌓여 있으면 평상시에는 아무 문제가 없어 보이더라도, 비상 상황에서는 단 몇 초로 생사가 갈리기 때문에 치명적인 장애물이 된다. 어떤 현장에서는 문이 체결장치로 잠겨 있어 대피가 지연되거나 내부에서 밀어도 열리지 않아 추가 부상자가 발생한 사례도 있다. 비상구는 '누구라도, 어떤 순간에도' 바로 사용할 수 있는 상태여야 하며, 이 원칙이 지켜지지 않으면 어떤 비상 설비도 의미가 없다.

규정 준수는 의무이며, 정기 점검은 가장 확실한 예방 전략이다

비상용 기구와 설비는 법에서 정한 안전 기준에 따라 설치와 표시가 유지되어야 한다. 이는 벌금을 피하기 위한 절차가 아니라, 근로자의 생명권을 보장하기 위한 가장 기본적인 안전관리의 출발점이다. 비상구와 비상통로, 비상 기구에는 반드시 '비상용'이라는 표시를 명확히 해야 한다. 표시가 없으면 비상 상황에서 근로자들이 방향을 잃고 대피가 지연되며, 이는 혼란과 공포를 배가시킨다. 표식은 눈에 잘 띄는 위치와 높이에 설치하고, 야간 및 정전 상황까지 고려해 형광 표지나 자체 발광 표지를 사용하는 것이 바람직하다.

또한 소방설비, 경보 장치, 비상 조명 등은 법규에 정한 주기대로 점검해야 한다. 점검은 단순히 스위치를 켜보고 끝나는 행위가 아니라, 작동 상태, 전원, 부식 여부, 전선 이상, 열림 방향, 비상등 점등 여부 등 세부 항목까지 모두 포함한다. 특히 연면적 400㎡ 이상, 또는 상시 50인 이상이 작업하는 옥내작업장은 근로자에게 신속히 위험을 알릴 수 있는 경보 시스템을 반드시 갖추어야 한다.

정기 점검을 수행하면 장비 고장, 전원 분리, 하자, 배선 손상 등 비상 시 치명적으로 작용할 수 있는 문제를 사전에 발견할 수 있다. 비상용 설비는 '평소에는 사용하지 않지만, 사용해야 할 순간에는 반드시 작동해야 하는 장치'다. 그래서 유지관리의 중요성은 그 어떤 설비보다 크다.

비상 설비는 현장 운영의 신뢰도를 높이고 사고 피해를 최소화한다

비상용 기구가 잘 정비된 현장은 근로자에게 심리적 안전감을 제공한다. 작업자는 위급 상황이 발생해도 빠르게 대응할 수 있다는 확신을 가지고 작업에 집중할 수 있고, 이러한 안정감은 생산성 향상으로도 연결된다.

또한 사고 발생 시 비상 설비는 2차 피해를 최소화하는 데 중요한 역할을 한다. 예를 들어 화재가 발생했을 때 소화기가 즉시 사용 가능하고 대피로가 확보되어 있다면, 초기 진화와 대피가 빠르게 이루어져 시설물 손상과 추가 부상을 줄일 수 있다. 구조대가 현장에 진입할 때도 비상구, 대피로가 명확히 확보되어 있어야 신속한 구조 활동이 가능하다.

반대로 비상 설비가 제대로 갖춰져 있지 않으면 피해 규모는 걷잡을 수 없이 커진다. 비상구에 쌓인 물건 때문에 대피가 지연되고, 소화기가 고장 나 초기에 진화하지 못해 화재가 확산되며, 경보기가 울리지 않아 작업자가 위험을 인지하지 못하고 사고에 휘말리는 상황은 실제 사고 사례에서 빈번하게 나타난다.

비상 설비 유지관리는 단순한 관리 행위가 아니라 생명과 재산, 기업 신뢰도를 함께 지키는 핵심 안전관리 전략이다. 장기적으로 보면 정기 점검은 비용을 절감하고, 사고 복구로 인해 발생할 막대한 시간과 재정 손실을 예방하는 가장 경제적인 선택이기도 하다.

1. 비상용 설비는 항상 작동 가능한 상태여야 하며, 즉시 접근이 가능해야 한다.
2. 모든 비상구, 비상통로, 비상 기구에는 명확한 표식을 설치해야 한다.
3. 정기 점검은 생명을 지키는 가장 확실한 예방 전략이다.
4. 비상 설비는 사고를 줄이고 현장의 신뢰도를 높이는 핵심 안전 시스템이다.

작업장의 통로를 설치할 때는 단순히 이동 경로를 확보하는 차원을 넘어, 작업의 효율성과 근로자의 안전을 동시에 보장하기 위한 여러 요소를 고려해야 한다. 통로는 작업자가 계속해서 왕복하는 길이므로, 법적 기준을 준수하는 것은 기본이며 구조적 안전성 및 시인성, 유지 관리 체계 등이 함께 갖춰져 있어야 한다.

나는 현장에서 통로를 지정할 때 진한 노란색을 선호하곤 했다. 색상이 강렬해야 작업자들이 멀리서도 통로를 직관적으로 식별할 수 있고, 특히 장비가 다니는 구간과 보행자의 구간을 구분하는 데 효과적이기 때문이다. 통로는 자재나 장비가 쌓여 있지 않은 청결한 공간이어야 하고, 사용 목적과 진행 방향, 주의사항을 알려주는 안내 표지판도 반드시 설치해야 한다. 통로 주변에서 낙하물 가능성이 있거나 장비가 운용되는 구역은 보호난간이나 경계선을 설치하여 근로자가 위험 구역과 접촉하지 않도록 해야 한다. 작업자의 동선을 따라 만들어지는 통로는 그 자체가 위험을 예방하는 장치가 되기 때문에 공사 초기부터 체계적으로 설계하고 지속적으로 유지 관리해야 한다.

조도, 미끄럼, 경사, 구조를 모두 아우른 통로 관리

작업자가 통로를 이용하며 안전하게 이동하기 위해서는 충분한 조도가 확보되어야 한다. 법에서는 통로에 75Lux 이상의 조명을 갖추도록 규정하고 있으며, 어두운 갱도나 상시 이동하지 않는 지하실을 지날 때는 작업자가 휴대용 조명을 사용할 수 있도록 예외를 인정한다. 현장 여건에 따라 조도 향상이 어렵다면 반사판이나 보조 조명 설치로 대체하기도 했다.

옥내 통로는 걸려 넘어짐, 미끄러짐 등의 위험이 없도록 유지해야 한다. 특히 빗물이나 오일이 스며들기 쉬운 구간은 미끄럼 방지 매트 또는 테이프를 설치해 사고를 사전에 방지했다. 관리자는 오염 물질 유출 시 즉시 제거할 수 있는 체계를 마련해야 하고, 비가 많이 내리는 계절에는 습기와 결로를 감안해 바닥 상태를 더욱 자주 점검할 필요가 있다.

한편 통로가 비상구로 연결되는 경우, 이 경로는 어떤 순간에도 개방되어 있어야 한다. 특히 가설통로처럼 현장 여건에 따라 임시로 설치되는 구조물은 경사도, 견고함 미끄럼 방지 여부, 추락 위험에 따른 난간 설치 등 세부 기준을 모두 충족해야 한다. 가설통로가 경사가 높을 경우 근로자의 균형을 잃기 쉽기 때문에 15도 이상에서는 미끄럼 방지 조치를 적용하고, 30도를 넘지 않도록 설계해야 한다. 또한 15m 이상의 수직 갱이나 8m 이상의 비계다리에는 일정 간격마다 계단참을 두어 피로 누적과 추락 위험을 줄인다. 이는 현장에서 '빨리 이동하는 통로'

보다 '안전하게 이동하는 통로'가 우선이라는 원칙을 반영한 조치였다.

사다리식 통로 설치는 '최후의 선택'이지만, 설치 시에는 더 엄격해야 한다

수직 공간이나 협소 구간처럼 경사로나 계단식 통로를 설치하기 어려운 구조에서는 사다리식 통로가 활용된다. 그러나 사다리는 구조적으로 가장 위험요인이 큰 이동 방식이기 때문에 설치 기준을 더욱 신중하게 적용해야 한다. 사다리는 견고한 재질로 제작되어야 하고, 발판 간격은 동일하게 설치하여 작업자가 일정한 리듬으로 오르내릴 수 있어야 한다. 발판과 벽 사이의 간격도 적정하게 유지해야 하며, 사다리가 미끄러지거나 넘어지지 않도록 전용 고정장치를 사용해야 한다. 상단부는 반드시 걸쳐놓은 지점보다 60cm 이상 올라오도록 설치해야 하며, 길이가 10m 이상인 사다리식 통로는 중간 계단참을 배치해 추락 또는 피로 누적 사고를 예방해야 한다.

또한 사다리의 높이 2.5m 지점부터는 등받이 울을 설치해 작업자가 뒤로 떨어지지 않도록 해야 한다. 현장에서 여러 종류의 사다리를 보았지만, 기준을 지킨 사다리와 지키지 않은 사다리는 보기만 해도 체감되는 위험도 차이가 컸다.

통로 주변의 비상 접근성 확보는 사고 대응 속도를 결정한다

통로는 사고가 일어날 가능성이 높은 공간이므로 비상 설비 접근성도 함께 확보해야 한다. 소화기 및 응급키트 등 필수 비상장비는 통로 주변에서 빠르게 접근할 수 있도록 배치해야 하며, 시야가 가려지지 않도록 정기적으로 정돈해야 한다. 구조대나 소방대가 현장에 진입할 때도 통로의 확보 여부가 대응 속도를 좌우하기 때문에 통로 정비는 안전관리의 기초이자 필수 조건이다.

나는 현장에서 통로 정비가 잘 되어 있으면 작업자들의 표정이 다르게 보인다고 느낀 적이 있다. 공간이 깔끔하고 위험 요소가 제거된 통로는 자연스럽게 작업자의 마음을 안정시키고, 긴장 상태를 완화해 사고를 줄이는 데 큰 역할을 한다. 결국 통로는 단순한 이동 루트가 아니라 작업자의 심리와 행동까지 변화시키는 중요한 안전시설이라고 할 수 있다.

『건설안전관리 핵심 Point!』

1. 통로는 위험 요소를 제거한 상태로 상시 개방해야 한다.
2. 조도, 미끄럼 방지, 경사, 난간 등 기술적 기준을 모두 충족해야 한다.
3. 가설통로와 사다리식 통로는 기준 준수 여부가 안전을 결정한다.
4. 통로 주변에는 비상 설비 접근성을 확보해 사고 대응력을 높여야 한다.

공사현장에서 개구부는 구조물의 층간을 이어가기 위해 필연적으로 발생하며, 시점만 다를 뿐 누구나 마주하게 되는 위험요소다. 나는 공사 기간 동안 크고 작은 개구부를 수없이 보았지만, 단 한 번도 "이 정도면 위험하지 않겠지"라는 생각을 한 적이 없다. 이유는 단순하다. 개구부에서 추락하면 대부분의 경우 사망이기 때문이다.

중대재해 알림 사례에서도 고소 타워의 개구부를 불티방지포로만 덮어 놓았다가, 작업자가 이를 바닥으로 착각해 그대로 밟아 추락사한 내용이 전파된 적이 많다. 현장에서는 작은 방심이 치명적인 사고로 이어진다는 사실을 누구보다 잘 알고 있었기에, 나는 개구부 발생 즉시 접근금지 표지판을 설치하고 근로자가 들어가지 못하도록 조치했다. 하지만 시간이 지나면 표지판은 익숙한 풍경이 되어 경각심을 잃게 된다. 그래서 표지판만으로는 부족하다고 판단해 모든 위험 구간마다 견고한 덮개를 설치하거나, 임시 안전난간을 둘러 개구부 주변의 모든 접근을 차단했다. 익숙함이 안전을 무너뜨리는 순간을 여러 차례 경험했기에, 근본적인 개선 없이 표지판만 남겨두는 방식은 절대 허용하지 않았다.

개구부 방호 조치는 '법 준수'가 아니라 생존을 위한 조건이다

작업발판 및 통로의 끝, 그리고 개구부처럼 근로자가 추락할 가능성이 있는 위치에는 반드시 안전난간 및 울타리, 수직형 추락방망, 견고한 덮개와 같은 방호 장치를 설치해야 한다. 현장은 매일 변하고 구조물이 완성되는 속도도 다르기 때문에 방호 조치는 늘 그때그때 정확하게 설치해야 한다. 덮개를 사용할 경우에는 뒤집히거나 밀리지 않도록 고정해야 하고, 구조물이 점차 올라가면 난간 및 울타리도 함께 재설치해야 한다.

특히 비계 사이를 이동하는 고소작업자들이 많은 구간에서는 개구부의 위험이 더 커진다. 나는 일반 난간 설치로도 작업 안전을 확신할 수 없었던 구간을 직접 파악해 추락방호망 설치를 결정한 적이 있다. 설치 후에는 안전보건협의체와 함께 정밀 검사를 진행했는데, 망이 작업면과 충분히 가까운 위치에 설치되어 있는지, 망 설치 지점과 작업면 사이의 수직거리가 10m를 초과하지 않는지 먼저 확인했다. 수평 설치 여부도 중요했으며, 장력이 적절한지 확인하기 위해 망의 처짐이 짧은 변 길이의 12% 이상 되는지도 점검했다. 건축물 바깥쪽에 설치한 방망은 특히 내민 길이가 벽면으로부터 3m 이상 확보되어 있어야 했고, 이 기준을 충족해야 실제 추락 시 충분한 방호 효과가 나타난다.

방망 설치는 전문성과 규격 준수가 핵심이며, 미흡하면 방호망이 아닌 위험망이 된다

철골 상단을 이동하는 고소작업자들을 보호하기 위해 방망 설치를 반복적으로 요구하는 사례가 많았다. 그러나 지방 소규모 도시와 같은 경우 지역 여건상 전문 업체가 부족하거나 규격을 무시하는 시공업체들도 있었다. 관리자 입장에서 이러한 부분은 더욱 엄격하게 점검해야 한다. 방망의 소재는 반드시 합성섬유 또는 그 이상의 물리적 성질을 갖춘 재질이어야 하고, 그물코는 사각 또는 마름모 형태에 10cm 이하의 크기를 유지해야 한다.

　방망의 종류는 매듭 방망을 사용해야 하며, 단매듭이 원칙이다. 테두리 로프는 각 그물코를 제대로 관통해야 하고, 서로 겹치지 않고 재봉사로 단단히 결속되어 있어야 한다. 이런 기준은 책에만 적힌 조건이 아니라, 실제 사고 발생 시 방망이 근로자의 몸을 지지할 수 있는지 결정하는 생명선이다. 기준을 조금이라도 어기면 방망은 보호 장치가 아니라 오히려 위험 요소로 변한다. 나는 여러 현장에서 설치 기준을 지키지 않아 방망 재설치 요구를 많이 했으며, 방망 설치는 '대충'이나 '적당히'라는 표현이 통하지 않는 작업이라는 것을 누구보다 잘 알고 있다.

『건설안전관리 핵심 Point!』

1. 개구부는 표지판보다 구조적 방호 조치가 우선이다.
2. 추락방호망은 설치 위치, 처짐, 내민 길이 등 기준을 반드시 충족해야 한다.
3. 방망은 규격을 지키지 않으면 방호 기능을 상실한다.
4. 개구부 관리의 핵심은 익숙함을 경계하는 자세에 있다.

타워크레인 설치 전부터 시작되는 위험관리의 기준치

대규모 건축 공사에서 타워크레인 설치 작업은 그 자체만으로 공사 위험도의 정점을 찍는 순간이라고 해도 과장이 아니다. 수십 미터 높이로 올라가는 구조물, 불규칙한 기상조건, 고하중 부재의 인양 작업이 동시에 이루어지기 때문에 설치 초기부터 관리감독자는 항상 최대한의 긴장감을 유지해야 한다.

나는 타워크레인 설치가 예정된 날이면 평소보다 훨씬 이른 시간에 현장을 순회했다. 설치 구간의 지반 강도, 인접 구조물과의 간섭 여부, 주변 통행 동선까지 세밀하게 재확인하는 일로 하루가 시작되었다. 특히 기초부 설치는 타워크레인 전체의 안전성을 좌우하는 핵심구간이라서 콘크리트 강도, 매설 앵커의 정밀도, 편차 여부 등 미세한 수치도 반복해서 확인했다. 지반이 약하거나 매설 깊이가 부족한 상태에서 설치 작업을 진행한다면, 타워크레인이 기울어지거나 붕괴하는 대형 재해로 이어질 수 있기 때문이다.

설치 사전 회의에서는 항상 작업 주관사에게 설치계획서를 요구했고, 작업 단계별 위험요소, 설치 장비 제원, 작업인원의 역할 분담, 비상

대책까지 모두 일치하는지 다시 검토했다. 몇 년 전 한 업체에서 설치 계획서를 서류만 복사해 제출했다가 현장 조건과 맞지 않아 작업을 중지했던 사례가 떠올라 이후에는 더욱 철저히 대조했다.

또한 설치 작업일에는 현장 내 모든 차량계 장비와 일반 작업자의 동선을 과감히 통제했다. 타워크레인 설치 범위는 작은 실수라도 치명적 결과를 초래할 수 있는 구역이라, 접근금지 띠와 안전요원을 더욱 촘촘히 배치했다. 설치 구간에는 오로지 설치팀, 장비 유도자, 관리감독자만 진입하도록 했다.

설치 순간의 '정밀, 통제, 협업'이 생명을 결정한다

타워크레인은 수십 톤의 철 구조물을 공중으로 올리는 과정이 반복되므로 설치팀의 숙련도가 작업의 핵심 가치이다. 나는 설치 당일 작업자들의 동작과 표정까지 관찰하며 불안 요소가 보이면 즉시 TBM을 재진행했다. 고소에서 볼트 체결을 하는 작업자는 바람 방향과 속도를 몸으로 느끼며 작업해야 한다. 돌풍이 몰아치는 경우에는 설치를 중단시키고 기상 상태를 기다렸다.

타워크레인의 마스트를 올리는 과정, 턴테이블 조립, 조종실 설치, 그리고 마지막으로 플레싱과 카운터지브를 조립하는 과정은 단 한 번의 오조립도 허용되지 않는다. 볼트 토크치 확인, 핀 삽입 상태, 지브 간섭 여부를 하나하나 확인하며 작업자와 동시에 검증을 진행했다. 특히 나는 모든 볼트 체결이 완료되면 작업자에게 구두로 다시 한번 '체결 재확인'을 요구했다.

또 하나 중요했던 점은 지상 신호수의 역할이다. 마스트 인양 중 불안정한 흔들림이 발생하는 경우가 있었고, 신호수가 설치 팀과 크레인 운전원 사이에서 정확한 타이밍으로 신호를 주지 않았다면 균형이 무너질 위험도 있었다. 신호수에게는 "눈의 위치보다 귀의 위치가 더 중요하다"라고 강조했는데, 그만큼 주위 소음 속에서도 상황을 즉각 판단하고 전달하는 기술이 사고를 막기 때문이다.

설치 완료 후에는 시험가동을 통해 회전, 인양, 트롤리 이동, 브레이크 작동, 비상정지 기능까지 확인했다. 이 과정에서 단 하나라도 의심스러운 기계음이 들리면 전체 작업을 멈추고 점검을 반복했다. 타워크레인은 정상 작동하면 묵묵히 자기 역할을 하지만, 단 한 번의 결함도 위험을 감출 수 없기 때문이다.

해체 작업은 설치보다 더 위험하다는 사실을 잊지 말아야 한다

많은 근로자들이 타워크레인 설치는 위험하지만 해체는 설치보다 수월하다고 착각하곤 한다. 하지만 나는 항상 "해체야말로 설치보다 더 위험하다"라고 강조했다. 설치 시에는 구조물이 완성된 크레인에 안정적으로 부재가 체결되지만, 해체는 이미 구조가 분리되는 과정이어서 전체 균형이 무너지는 위험이 필연적으로 따른다.

해체 전에는 구조물의 피로도와 변형 여부부터 점검했다. 장기간 사용된 타워크레인은 눈에 띄지 않는 미세 균열이나 피로 파손이 존재할 수 있다. 특히 바람의 방향, 시간대별 기류 변화, 주변 구조물과의 충돌 가능성 등을 고려하여 해체 시점을 결정했다.

해체 과정은 항상 상부에서 하부로 진행되고, 인양 부재의 균형이 조금이라도 틀어지면 돌발 흔들림이 발생할 수 있어 신호수와 장비운전원의 협업이 필수적이다. 작업자는 반드시 안전대 착용 후 100% 체결 상태를 유지해야 하고, 해체 중 기계음 또는 구조물 흔들림이 발생하면 즉시 중지 명령을 내려야 한다. 나는 실제로 미세한 흔들림을 보자마자 작업을 중지시켜 구조 검토를 다시 진행한 적이 있다. 작업자들은 처음엔 아쉬워했지만, 점검 후 핀 하나가 완전히 삽입되지 않았던 것이 발견되면서 모두가 안도했다.

해체된 부재는 즉시 지상으로 하역해 쌓아놓지 않도록 했고, 바닥에 임시로 두어도 절대로 기울지 않도록 받침목으로 고정하도록 지시했다. 특히 현장 내부의 일반 근로자와 장비 접근을 철저히 통제해 2차 사고 가능성을 원천 차단했다.

『건설안전관리 핵심 Point!』

1. 타워크레인 설치와 해체는 모든 공정 중 가장 높은 위험도를 가지므로 사전준비부터 해체 완료까지 긴장도를 유지하라.
2. 설치계획서와 실제 현장을 반드시 대조해 하나라도 어긋나는 부분이 있으면 즉시 수정하고, 구조물의 균형, 기상조건, 작업자 상태까지 전방위로 점검하라.

타워크레인 전도 사고는 조건이 겹칠 때 발생한다.

건설현장에서 타워크레인 전도 사고는 결코 흔한 사고가 아니다. 그러나 한 번 발생하면 피해 규모는 건설 산업 전체가 흔들릴 만큼 크다. 수십 톤에 달하는 장비가 쓰러지는 순간, 작업자뿐 아니라 주변 주거지와 시설물까지 피해 범위가 확장되기 때문에 전도 사고 예방은 설치와 운영 관리의 모든 단계에서 가장 높은 우선순위로 다뤄져야 한다.

나는 몇 년 전 인근 지역에서 발생한 타워크레인 전도 사고 보고서를 받아 본 적이 있었다. 겉으로 보기에는 크레인의 구조적 결함이나 단순한 작업실수처럼 보였지만, 실제로는 기초부 불량, 기상 조건 악화, 과하중 인양, 신호 불일치가 동시에 겹친 복합 사고였다. 타워크레인은 단일 원인으로 쓰러지지 않는다. 여러 변수가 함께 결합할 때 비로소 균형이 무너진다. 그렇기 때문에 "요인 하나만 개선하면 된다"는 생각은 전도 사고 예방과는 거리가 멀다.

타워크레인의 기초 부위는 전체 하중을 지지하는 핵심 기반인데, 설치 당시 콘크리트 강도 검증이 충분히 이루어지지 않거나 매설 앵커의 수직도와 수평도가 기준에 미달하는 경우가 종종 있었다. 특히 비가 많이 온 계절이나 휠로더, 덤프트럭이 반복해서 지반을 지나간 작업장은 침하가 서서히 진행되기 때문에 설치 시 안정적이었다고 해도 중기 이후 균형이 무너질 위험이 존재한다. 이러한 변화를 수시로 확인하는 것이 관리감독자의 책임이었다.

또한 인양 작업에서의 상대적 무리도 전도 사고의 주요 변수였다. 타워크레인 지브 끝단에서 무게가 과하게 실리는 순간 구조물 전체에 비틀림과 편심이 발생해 균형이 쉽게 무너진다. 작업자가 하중표를 비정상적으로 해석하거나, 바람이 강한데도 인양을 강행하는 순간 위험은 눈에 띄게 커진다. 나는 바람만 불어도 지브가 흔들리는 모습을 여러 번 목격해 왔고, 그때마다 즉시 작업을 중지시키라고 지시했다.

전도 사고의 실질적 예방은 '현장의 반복 확인'과 '순간적 판단력'에서 결정된다

타워크레인 전도 사고를 막기 위한 첫 번째 관문은 바닥과 기초의 지속적인 점검이다. 내가 담당했던 현장에서는 설치 초기뿐 아니라 공사 기간 내내 기초부 변위계를 설치해 미세한 움직임이 발생해도 즉시 파악할 수 있도록 했다. 또한 주변 작업 동선과 지반의 변형을 주기적으로 육안 확인하며 크레인 기초부에 진동이나 수평 흔들림이 감지되면 전문 검사기관을 불러 다시 측정했다.

두 번째 관문은 기상 관리였다. 타워크레인 전도 사고의 절반 이상은 강풍과 돌풍이 원인이었다. 법령에서는 순간풍속 기준을 명시하고 있지만, 실제 현장에서는 바람이 그 기준에 도달하기 전에 이미 지브 흔들림이 발생한다. 그렇기 때문에 나는 10m 이상 높이에서 체감되는 바람 변화를 신호수가 수시로 관측하게 했고, 바람이 급격히 변하면 즉시 인양을 중단하도록 지시했다.

세 번째는 하중 관리이다. 하중표에 맞지 않는 인양은 전도 사고의 가장 직접적인 원인이기 때문에 작업 시작 전 모든 작업자에게 지브 길이, 인양 각도, 하중 가능 범위를 재교육했다. 작업자가 "이 정도는 가능할 것이다"라고 판단하는 순간이 가장 위험하다. 안전 기준은 개인의 경험을 믿고 유연하게 적용할 영역이 아니다.

네 번째는 신호체계 통일이다. 전도 사고 사례를 보면 신호수가 제때 신호를 주지 못하거나 지상과 상부의 지시가 뒤섞인 경우가 많았는데, 나는 모든 프로젝트에서 표준 신호법을 현장 전체에 통일하고, 한 번이라도 신호가 맞지 않은 작업자는 즉시 자리에서 배치 전환했다. 신호가 혼선되는 순간, 인양 완급 조절이 제대로 이루어지지 않아 구조물이 한쪽으로 기울어지는 위험이 증가하기 때문이다.

마지막으로 나는 작업자들의 심리 상태까지 관리했다. 설치나 해체 후 안정화 기간에는 작업자들이 "이제는 괜찮다"라는 분위기에 빠지기 쉽다. 하지만 타워크레인 취급은 변수가 많은 일이다. 매일 다른 하중과 바람을 받으므로 결코 '안정된 상태'라고 할 수 없다. 나는 작업자들에게 "타워크레인은 오늘 처음 설치한 장비라고 생각하고 다뤄라"라고

강조하고 또 강조했다. 이 마인드셋(mindset) 하나만으로도 실수의
빈도는 크게 줄었다.

『건설안전관리 핵심 Point!』

1. 타워크레인 전도 사고는 단일 원인이 다니라 복합적인 위험 요소가
   동시에 작용할 때 발생한다.
2. 기초부, 지반, 기상, 하중, 신호체계를 반복적으로 확인하고 매일 새
   장비를 다루듯 점검하라.
3. 바람과 하중 판단에서 "이 정도면 괜찮다"라는 주관적 판단을
   배제하라.
4. 전도 사고 예방의 핵심은 표준화된 절차와 순간적 중지 명령의
   결단력이다.

현장에서 마주한 안전도 미숙의 위험성

사회 초년생 시절 있었던 일이다. 플랜트 공사와 제조 설비 구축을 병행하던 시절, 나는 현장에 투입된 운전자를 만날 때마다 가장 먼저 장비 제원을 물어보곤 했다. 나 역시 배우려고 한 행동이었는데, 놀라운 건 많은 운전자가 자신이 조작하는 기계의 최대사용하중, 안정성 조건, 작업반경조차 제대로 외우고 있지 않았다. 좁은 동선과 경사진 지면, 여러 장비가 한 공간에서 얽히는 공사, 제조 혼합 현장에서는 이러한 무지가 곧 사고의 전조가 된다. 실제로 장비의 안전도를 모른 채 작업을 진행하다가 과하중으로 붐이 찌그러지거나, 유압 장치가 갑자기 꺾여 장비가 30도 이상 기울어진 사례도 있었다. 그때마다 작업자들은 "평소에는 괜찮았다"고 말했지만, 문제는 그 "괜찮다"라는 기준이 장비의 설계 범위를 넘어선다는 것이다.

안전도를 숙지하는 핵심 목적은 장비 고장 징후를 조기에 캐치하고 그에 맞는 점검과 정비를 제때 수행하기 위함이다. 유압 소리의 미세한 변화, 붐 관절의 흔들림 같은 신호들은 안전도 이해가 선행되지 않으면 결코 눈에 들어오지 않는다. 산업안전보건법 또한 차량계 건설기계의 구조와 성능을 충분히 숙지하고 안전조치를 준수할 것을 명확히 규정한다. 안전도 숙지는 선택이 아니라 운전자의 법적 의무이자 사고 발생 시 책임을 경감하는 마지막 보호막과도 같다.

안전도 준수는 작업 효율과 사고 예방을 동시에 잡는다

장비의 안전도를 정확히 이해하고 작업하면 기계의 피로도가 낮아져 공정 속도도 안정적으로 유지된다. 반면 안전도 무시는 전도, 붐 파손, 암 이탈 같은 사고의 근본 원인이 된다. 나는 실제 현장에서 차량계 장비가 전복된 후 현장 정지 명령이 내려져 공사가 며칠씩 중단되는 상황을 여러 차례 경험했다. 전복 원인을 분석하면 대부분이 같은 결론에 닿았다. "해당 장비의 최대사용하중을 잘못 이해했다" 또는 "작업반경을 과신했다." 가 대부분 이다.

특히 위험한 상황은 장비 아래에서 점검이나 수리를 할 때였다. 산업안전보건기준은 붐이나 암을 올린 상태에서 그 아래에서 작업할 경우 반드시 안전지주 또는 안전블록을 사용하도록 규정하지만, 초기에 몇몇 도급사는 "시간이 아깝다"며 이를 생략하려 했다. 나는 이 행위를 절대 허용하지 않았다. 실제로 다른 현장에서 안전지주를 설치하지 않은 채 아래에서 정비하던 근로자가 붐이 여기치 않게 하강하면서 사망한 사례가 전파된 후, 현장 전체의 인식도 단번에 바뀌었다.

부적절한 장비 투입은 안전도를 무너뜨리는 첫 단계다

내가 가장 강하게 제재했던 상황은 적절하지 않은 장비를 들여오는 도급사의 행동이었다. 제조공장 지붕의 도장 작업이 필요해 스카이를 요청했는데, 실제로는 높이가 턱없이 부족한 짧은 붐대를 가진 장비가 들어온 적이 있다. 장비가 닿지 않으니 작업자는 몸을 과도하게 내밀고, 임시 발판을 걸치고, 장비를 얼토당토않은 경사면에 억지로 올리는 상황까지 발생했다. 이 같은 작업은 추락, 전도, 붐 파손을 한 번에 불러올 수 있는 최악의 조합이다.

장비 선택은 그 자체가 안전도의 시작이다. 아무리 운전자가 숙련되어 있어도 장비가 작업 조건에 맞지 않으면 사고를 피할 수 없다. 그래서 나는 장비 반입 단계에서부터 해당 장비가 작업 높이, 작업반경, 지면 조건에 충분히 부합하는지 철저히 확인했다. 도급사에게 "작업에 불충분한 장비는 현장 반입 불가"를 명확히 고지한 뒤부터, 장비 선정의 질이 확연히 좋아졌다.

『건설안전관리 핵심 Point!』

1. 장비의 안전도와 최대사용하중 숙지는 차량계 장비 운전자의 기본 책무다.
2. 정비 및 점검 작업은 안전지주나 안전블록 설치를 전제로 해야 한다.
3. 작업 조건에 맞지 않는 장비 투입은 전도, 추락사고의 직접 원인이 되므로 사전 확인이 필수다.
4. 운전자의 숙련도보다 장비 특성 이해가 사고 예방 효과가 더 크다.

건축물 건설현장에서는 수많은 자재를 상시적으로 운반해야 하기 때문에 간이리프트를 설치해 사용하는 경우가 많다. 하지만 운반 빈도와 중량이 일정 수준을 넘어서면 간이리프트만으로는 작업의 안정성과 효율을 확보하기 어려워 정식 리프트를 설치하게 된다. 리프트는 구조물의 고저차를 단번에 극복하게 해주는 편리한 설비이지만, 동시에 기계 오작동 및 조작 실수로 인한 사고 가능성이 매우 크기 때문에 설치와 사용 과정에서 어떤 순간도 방심할 수 없다.

리프트는 운반구가 한 번 추락하던 작업자에게 심각한 부상이나 사망으로 이어지며, 운반구 아래에 있는 근로자 또한 크게 위험해진다. 정격 하중을 초과하는 자재를 실으면 구조물이 손상되거나 전기 및 기계 시스템이 과부하에 빠져 오작동이 발생할 수 있고, 설치 구조물이 수직을 유지하지 못하면 전도 및 기울어짐으로 이어질 수 있다. 나는 현장에서 리프트 설치 후 매번 구조체의 수직도와 고정 상태를 직접 확인했는데, 앵커가 조금만 틀어져 있어도 추가 보강을 지시했다. 불안정한 설치 상태에서 운반 작업을 지속하다가 발생한 사고들은 대부분 사전에 충분히 피할 수 있었던 유형이었다.

설치 검사는 선택이 아닌 필수이며, 조작 장치는 항상 정상 상태로 유지되어야 한다

리프트는 설치 후 바로 사용할 수 있는 장비가 아니다. 산업안전보건법 및 관련 법령에 따라 설치 검사 대상이며, 작업 시작 전에 고용노동부 또는 인증된 검사기관의 점검을 통과해야 한다. 검사 항목은 기계의 구조적 안정성, 과부하 방지 기능, 비상정지장치, 브레이크 성능, 전기 계통의 이상 여부 등이며, 장비는 한국산업표준 또는 이에 준하는 안전 인증을 갖춰야 한다.

리프트의 권과방지장치 및 비상정지장치, 조작 스위치 등의 기능은 주기적으로 점검해야 한다. 특히 탑승 조작장치가 정상적으로 작동하지 않을 때 근로자가 탑승하는 것을 방치하면 치명적 사고로 직결된다. 나는 리프트 조작반을 항상 시건 조치해 허가된 작업자 외에는 조작할 수 없도록 했고, 자재 낙하 위험이 있는 구역은 이동을 통제해 작업자 접근을 제한했다. 리프트 운반구가 움직이는 경로는 언제나 위험 구간이기 때문에 작업자의 출입을 금지하는 것이 사고 예방의 가장 확실한 방법이었다.

리프트 권상용 와이어로프, 도르래, 부착부 등이 위치한 내부 공간 또한 근로자에게 위험을 미칠 수 있기 때문에 이러한 구간은 상시 출입금지 장소로 지정해 두어야 한다. 특히 운반구의 승강으로 인해 근로자가 끼이거나 맞을 위험이 예상되는 위치는 작업계획 단계에서부터 명확히 구분하는 것이 중요하다.

피트 작업은 단순 청소가 아니라 '고위험 밀폐공간 작업'이라는 사실을 인식해야 한다

리프트의 피트는 주행구간의 가장 하단부에 위치한 공간으로 오염물 제거와 장비 안정성을 위한 점검이 필수적이다. 하지만 피트는 밀폐공간이기 때문에 작업자는 철저한 안전수칙을 준수해야 한다. 바닥 청소를 위해 승강로에 각재나 원목을 걸치고 그 위에 운반구를 올려둔 뒤 역회전방지기가 부착된 브레이크로 구동모터 및 윈치를 확실하게 제동해야 한다. 이 작업은 운반구가 갑자기 떨어지는 사고를 방지하는 핵심 절차이다.

작업자는 안전모 및 안전화, 장갑, 보호안경을 포함한 보호장비를 갖추어야 하며, 작업 시작 전 전원을 차단하고 잠금장치를 적용해 오작동이 일어나지 않도록 해야 한다. 피트 내부는 환기가 어려운 경우가 많으므로 유해가스 제거를 위한 환기 조치를 충분히 하고 필요할 경우 휴대용 환풍기나 공기정화장비를 사용해 작업 환경을 안전하게 만든다. 누수 여부, 부품 손상, 오염 정도 등을 정기적으로 확인하고 기름 및 먼지 제거 작업을 병행해야 한다.

외력, 기상 요인, 정지 상태 유지 등 설치 이후의 위험도 반드시 고려해야 한다

리프트는 설치가 끝났다고 해서 위험이 사라지는 설비가 아니다. 지반침하, 불량 자재 사용, 결선 불량 등으로 인해 구조물이 전도되거나 붕괴할 위험이 있어 지속적인 모니터링이 필요하다. 특히 순간풍속이

초속 35m를 넘는 강풍이 예상될 때는 받침대를 추가하거나 구조물 보강을 진행하는 것이 필수적이다.

또한 리프트 운반구를 주행로 상에 매달아 정지 상태로 오래 두는 것 역시 매우 위험하다. 운반구가 공중에서 장시간 정지하면 브레이크 및 와이어 로프, 체인 등에 지속적인 하중이 가해져 기계 부품이 과부하에 빠질 가능성이 높아지며, 이는 오작동 또는 추락 사고로 이어질 수 있다. 따라서 운반구는 필요할 때만 올려 사용하고, 작업이 끝나면 반드시 안정된 지점에 내려두어야 한다. 이런 기본 원칙을 지키는 것만으로도 수많은 위험을 피할 수 있다.

『건설안전관리 핵심 Point!』

1. 리프트 설치는 임시방편이 아니라 법적 기준에 따라 완전하게 이루어져야 한다.
2. 조작 장치 및 안전장치는 정기 점검 없이 사용할 수 없다.
3. 피트 작업은 밀폐공간 작업이라는 인식을 갖고 철저하게 보호 조치를 해야 한다.
4. 운반구를 공중에 정지 상태로 두는 행위는 절대 금지 한다.

승강기의 고장과 오작동은 추락으로 이어진다.

건설현장에서 사용하는 승강기는 주거용 또는 상업용 건물에 설치된 일반 승강기보다 훨씬 많은 위험요인을 안고 있다. 고정된 실내 구조에서 운행되는 일반 승강기와 달리 건설현장의 승강기는 비산 먼지가 지속적으로 유입되고 비 및 강풍과 같은 기상이변의 영향을 직접적으로 받으며, 구조물이 완성되어 가는 과정에서 승강기의 설치 위치가 불안정해지는 경우도 많다. 이러한 변화는 승강기의 운행 품질과 내구성을 떨어뜨리고 장비 고장을 유발하기도 한다.

또한 공정의 압박으로 인해 점검과 유지보수가 충분히 이루어지지 않는 경우가 많다. 설치 과정에서 시간이 촉박하다는 이유로 조립 품질이 떨어지거나 임시 고정 상태로 사용되는 경우가 생기고, 운전 방식 또한 체계가 갖춰지지 않아 작업자들이 규정 외 조작을 하기도 한다. 현장에서는 승강기를 안전 설비가 아니라 편의 장비 정도로 생각하는 경우가 종종 있지만, 건설현장의 승강기는 그 자체만으로도 고위험 설비에 속한다. 나 역시 여러 프로젝트에서 승강기의 고장과 오작동을 목격했는데 그 순간마다 긴장이 극도로 높아질 수밖에 없었다.

승강기의 방호장치 점검은 주기적이어야 한다.

건설현장에서 사용하는 승강기는 다양한 방호장치를 통해 사고를 예방하도록 설계되어 있다. 관리감독자 및 안전관리자는 과부하방지장치, 파이널 리밋 스위치, 비상정지장치, 조속기, 출입문 인터록 및 그 밖의 안전장치가 정상적으로 작동하는지 반드시 주기적으로 점검해야 한다.

파이널 리밋 스위치는 승강기가 허용된 이동 범위를 초과해 움직일 때 전원을 차단하여 추가적인 움직임을 막는 기능을 한다. 쉽게 말하면 승강기가 최상층이나 최하층을 넘어 내려가거나 올라가려는 상황에서 운행을 강제로 멈추는 장치다. 조속기는 승강기의 과속 상태를 감지하여 즉시 비상 정지 브레이크를 작동시키는 장치로 승강기 추락 사고를 막는 핵심 안전 장치 중 하나다.

정식 승강기에서는 이러한 장치가 기본적으로 갖춰져 있지만 건설현장은 특성상 장치의 손상 또는 먼지 침투, 진동, 충격 등으로 인해 오작동이 발생하기 쉽다. 그래서 점검 주기는 일반 시설보다 더 빈번해야 하며, 작은 이상도 즉시 조치해야 한다. 이러한 장치들은 승강기의 생명줄과 같기 때문에 한번이라도 신뢰성을 잃으면 바로 위험 설비로 변한다는 사실을 현장의 모든 책임자는 명확히 인식해야 한다.

화물용 승강기는 근로자 탑승이 금지되어 있으며, 예외 또한 매우 제한적이다

화물용 승강기는 구조적으로 사람을 탑승시키기 위한 설비가 아니다.

내부는 화물의 크기와 무게를 기준으로 설계되어 있으며, 인체 보호를 위한 안전문 및 충격 흡수 장치, 비상 탈출구, 조명, 환기 시스템, 비상 통신 설비 등이 일반적인 인승용 승강기와 비교할 때 현저히 부족하거나 아예 존재하지 않는 경우도 있다.

이러한 이유로 화물용 승강기는 근로자 탑승이 금지되며, 법에서도 화물용 승강기를 인승용으로 사용하는 행위를 명확하게 금지하고 있다. 일부 현장에서는 작업 속도 향상이라는 이유로 근로자를 함께 탑승시키는 잘못된 관행이 남아 있으나, 이는 허용 중량 초과와 시스템 오작동, 추락 사고 등 대형 중대재해로 이어질 가능성이 높다.

예외적으로 조작자 또는 화물 취급자 1인의 탑승만 제한적으로 허용되지만 이것은 승강기 운전과 점검을 위한 최소 인원 기준일 뿐이며, 일반 근로자의 탑승과는 전혀 다른 개념이다. 나는 오래 전부터 화물용 승강기에 작업자를 태우지 않겠다는 원칙을 매우 강하게 고수했다. 작업자 안전을 위해서는 일관성 있는 기준을 유지하는 것이 반드시 필요했기 때문이다.

인승 기준을 충족하지 않은 승강기의 탑승은 곧바로 중대재해로 이어진다

화물 중심으로 설계된 승강기에 사람이 탑승할 경우, 장비는 화물의 중심을 기준으로 흔들리기 쉬우며 균형을 잃을 가능성도 높다. 승강기 자체에 비상 통신 기능이 없거나 조작 버튼이 제한적인 경우가 많아 사고 발생 시 근로자가 스스로 탈출하지 못하는 상황도 벌어질 수 있다.

고장 및 수리, 조정, 정기점검과 같은 특정 작업을 수행하는 경우에만 근로자 탑승이 예외적으로 허용되며, 이때도 반드시 교육받은 담당자만 탑승해야 한다. 이 원칙이 지켜지지 않으면 화물용 승강기는 단순한 편의 장비가 아니라 중대재해로 이어질 수 있는 위험 설비가 된다. 실제로 여러 사고 사례에서 승강기 결함보다 큰 문제는 잘못된 사용 방식이었다는 점을 확인할 수 있었다.

『건설안전관리 핵심 **Point!**』

1. 건설현장의 승강기는 환경적 요인으로 인해 일반 승강기보다 위험성이 높다.
2. 방호장치의 주기적 점검은 승강기의 생명줄이다.
3. 화물용 승강기에는 근로자 탑승을 절대 허용하지 않는다.
4. 인승 기준을 충족하지 않은 승강기 사용은 곧바로 중대재해로 이어진다.

비계 구조가 사라지는 순간부터 위험도는 올라간다.

공사 초기 단계에서 촘촘하게 설치했던 비계는 건축물 또는 플랜트 설비가 거의 완성되고 고소 작업이 마무리되는 시점에 철거 작업을 시작한다. 많은 작업자가 "설치보다 해체가 더 쉽다"는 생각을 갖고 있지만 현실은 정반대다. 철거 작업은 구조물이 점차 약해지는 과정이기 때문에 비계의 안정성이 흔들리고 붕괴 위험이 커지며, 이로 인해 낙하 및 추락 사고 발생 가능성이 훨씬 높아진다.

특히 철거 후반부로 갈수록 일부 부재가 제거된 상태에서 작업자가 이동해야 하므로 균형이 무너지기 쉽고, 서두르는 마음 때문에 발을 헛디디는 경우도 많다. 보호구를 착용하고 있어도 부주의가 생기면 사고로 이어질 가능성이 높아진다는 점을 작업자에게 계속 상기시킬 필요가 있었다. 나 또한 여러 현장에서 "이제 끝났다"는 마음이 부딪히는 순간 사고가 발생했다는 사실을 반복해서 경험했기 때문에 철거 작업은 처음부터 끝까지 긴장감을 유지해야 한다는 원칙을 항상 강조했다.

철거 계획과 교육은 절차가 아니라 안전을 위한 '초기 방어막'이다

나는 비계 철거가 시작되기 전 작업 업체로부터 철거 계획서를 반드시 요구했고, 작업자들이 안전 규정을 충분히 이해하고 있는지 직접 확인했다. 경험 부족과 잘못된 작업 관행은 철거 과정에서 매우 위험한 변수로 작용한다. 철거 순서를 잘못 수행하거나, 안전조치를 생략하거나, 위험구간을 인지하지 못한 채 작업을 진행하면 사고가 발생할 확률은 높아진다.

교육 내용은 늘 두 가지 큰 축으로 구성했다. 첫 번째는 작업자의 심리 상태를 안정시키는 부분이었다. 철거 작업은 종종 조급함, 피로, 집중력 저하가 겹치는 시점에 이루어지기 때문에 작업자의 마음가짐이 흐트러지면 실수가 반복된다. 두 번째는 기술적 항목이었다. 절단기 및 렌치 같은 공구를 점검하지 않고 사용할 때 발생할 수 있는 사고 사례, 철거 중 떨어지는 자재나 공구로 인한 부상 사례를 중심으로 교육했다. 또한 작업 전 비계의 상태를 세밀하게 점검하고, 기상 조건과 주변 환경을 확인하는 준비 절차를 강조했다. 비계가 오래되었거나 설치 초기부터 완벽하게 고정되지 않은 경우에는 철거 중 예측하지 못한 붕괴가 발생할 수 있기 때문이다.

철거 순서와 행동 관찰은 사고 예방의 핵심이며, 작업 구역 통제는 반드시 병행해야 한다

철거가 시작되면 관리감독자는 작업자의 안전 행동을 지속적으로 관찰하고, 철거 순서가 계획대로 수행되는지 확인해야 한다. TBM 장소에서 철거 순서와 방법을 충분히 설명하고, 작업자가 이를 제대로 이해했는지 점검하는 과정은 필수다. 작업자는 안전모 및 안전벨트,

안전화를 착용한 상태에서 반드시 위에서 아래로, 바깥쪽에서 안쪽으로 철거를 진행해야 하며, 비계의 하중을 지탱하는 주요 부재부터 제거해서는 안 된다.

철거 작업 구역은 일반인의 접근을 철저히 금지해야 한다. 비계 아래에서 작업하거나 이동하는 작업자가 있을 경우 낙하물 사고가 발생할 위험이 높아지기 때문에 접근 금지 표지판 및 안전선으로 작업장을 완전히 분리해야 한다. 공구나 철거된 자재는 떨어지지 않도록 안전 로프를 활용해 고정하고, 철거된 부재는 작업자 이동을 방해하지 않도록 즉시 지정된 장소로 옮겨 작업 공간을 유지한다.

작업 중 비계가 흔들리거나 불안정한 느낌이 들면 즉시 철거를 멈추고 구조를 점검해야 하며, 만약 사고가 발생할 경우를 대비해 가까운 의료시설의 위치 및 연락처를 작업자에게 미리 안내해 두는 것도 매우 중요하다.

철거 작업은 마지막 단계가 아니라 최대 위험 구간이며, 교육 이수보다 '실질적 숙달'이 중요하다

비계 철거는 전체 공정 중에서도 위험도가 가장 높은 작업에 속한다. 작업자는 철거 작업의 위험성을 체감하고, 계획된 절차와 안전수칙을 철저히 지켜야 한다. 교육은 단순히 이수 시간을 채우는 것이 아니라 실제로 내용을 이해하고 작업에 적용할 수 있어야 의미가 있다. 관리감독자는 철거의 연속적 과정에서 위험 요소를 찾아 제거하며,

작업자가 안전한 작업 행동을 지속하도록 잠시도 긴장을 놓지 말아야
한다.

　비계 철거는 공사의 마지막 단계에서 보통 진행되기 때문에 현장의
긴장감이 풀리기 쉽다. 하지만 바로 이 시점이 사고가 가장 많이 발생하는
시점이기도 하다. 현장을 책임지는 사람이라면 철거 작업이 끝날 때까지
안전을 최우선으로 유지하고, 누구보다 먼저 위험을 눈치채고 조치하는
태도를 반드시 갖춰야 한다.

『건설안전관리 핵심 Point!』

1. 비계 해체 작업은 설치보다 위험하며 구조적 안정성 감소를 항상
   고려해야 한다.
2. 철거 계획과 심리, 기술 교육은 사고 예방의 첫 번째 방어막이다.
3. 철거 순서 준수와 작업 구역 통제는 안전 확보의 핵심이다.
4. 교육 이수보다 실제 숙달을 확인하고 끝까지 긴장을 유지해야 한다.

[건설기계 운전자가 자리를 비우는 순간, 위험은 움직인다.]

굴착기 및 지게차 같은 차량계 건설기계는 작은 조작 하나로 엄청난 힘을 발휘한다. 그렇기 때문에 운전자가 잠시 자리를 비우는 순간에도 위험 요소는 끊임없이 살아 움직인다. 장비가 완전히 정지되지 않거나 브레이크가 불완전하게 작동하면 장비는 예고 없이 움직일 수 있고, 경사면이나 불안정한 지반에서는 기계 자체의 하중으로 인해 미세한 이동만으로도 사고가 발생할 수 있다.

특히 운전자가 시동을 끄지 않은 상태로 장비를 이탈하면 다른 작업자가 호기심이나 편의 때문에 장비를 조작하는 일이 발생할 수 있는데, 이러한 순간이 중대재해로 이어지는 사례는 무수히 많다. 나는 현장에서 작동키를 차량에 꽂아 둔 업체를 발견하면 즉시 경고했으며 반복될 경우 특별안전교육 대상으로 지정했다. 장비는 작은 부주의 하나가 대형 사고를 만들어내기 때문에 '이탈 시 완전 정지'라는 원칙은 절대적인 기준으로 관리해야 한다.

이탈 수칙은 규정이 아니라 생존을 위한 기본 장치이며, 작업자와 장비 모두를 보호하는 절차이다

산업안전보건법에서도 운전자가 장비를 이탈할 때 기계를 적절히 정지시키고 안전 상태를 유지해야 한다는 의무를 명확히 규정하고 있다. 이를 어기면 법적 처벌은 물론이고 현장 전체가 위험에 노출된다.

작업자는 장비에서 내려오는 순간 다음과 같은 절차를 반드시 수행해야 한다. 첫째, 기계를 완전히 정지시키고 브레이크를 정확하게 작동시킨다. 둘째, 작업 중간이 아니라 지정된 안전 구역에서만 이탈한다. 셋째, 시동을 끄고 키를 제거해 임의조작을 방지한다. 넷째, 주변 환경을 확인해 장비가 미끄러지거나 움직일 가능성이 없는지 점검한다.

이러한 절차는 단순한 형식이 아니라 장비와 작업자를 보호하는 생존 장치이다. 장비가 스스로 움직이지 않도록 하는 조치는 물론이고, 주변 작업자의 불필요한 접근 및 조작을 예방하는 효과도 있기 때문에 철저히 준수해야 한다.

접근금지 구역 설정 및 신호수 배치는 '또 다른 안전 장벽'이다

차량계 건설기계를 운용할 때 가장 강력한 원칙은 '작동 중인 장비 가까이에는 누구도 접근할 수 없다'는 기준이다. 나는 현장에서 항상 10m 반경 접근금지를 기본으로 두었으며, 이 범위 안에는 신호수가 아니면 누구도 들어오지 못하게 했다.

당시에 지게차, 굴착기, 덤프트럭과의 충돌로 인해 작업자가 사망한 사고가 연달아 발생하던 시기였기 때문에 현장은 특히 더 민감했다. 신호수가 없는 건설기계는 절대 운행할 수 없다는 분위기를 현장 전체에 확립했고, 신호수는 규정된 복장과 표준 신호 방법을 철저히 교육받았다.

운전자가 작업 중 자리를 비우는 경우에는 버킷 또는 디퍼를 반드시 지면에 내려두고, 원동기를 정지하며, 브레이크를 확실하게 걸어 장비가 스스로 움직이지 않도록 조치해야 한다. 그리고 작동키는 반드시 운전자가 직접 가지고 이동하도록 했다. 이러한 절차가 지켜지는 현장에서는 장비 사고 발생률이 눈에 띄게 감소했다.

이탈 후 장비의 상태는 장비의 수명과 현장 안전을 동시에 좌우한다

하역 및 운반 장비는 덩치가 크고 무게가 무거워 작은 불안정에도 크게 흔들리며, 이런 흔들림이 누적되면 기계 고장 및 전도로 이어질 가능성이 높아진다. 장비를 올바르지 않은 상태로 정지하면 엔진 과열, 유압 시스템 손상, 전원 차단 불량 등 여러 형태의 고장이 발생할 수 있다. 장비 고장은 단순히 수리 비용으로 끝나는 문제가 아니라, 이후 작업 일정 전체에 영향을 미치고 2차 사고의 원인이 될 수 있다.

운전자가 자리를 비울 때 반드시 장비의 상태가 안전하게 정지 되었는지 확인해야 하며, 주변 근로자에게도 장비 근처 접근 금지를 명확히 알리고 신호수와 함께 행동해야 한다. 운전자와 신호수의 역할은 여러 장비와 수많은 위험 요인이 공존하는 공사 환경에서 사고를 차단하는 핵심 장벽이라고 할 수 있다.

1. 운전자가 자리에서 이탈하는 순간부터 장비의 모든 움직임은 사고로 이어질 수 있다.

2. 이탈 수칙은 단순한 규정이 아니라 생존을 위한 기본 장치이다.

3. 접근금지 구역과 신호수 배치는 장비 사고를 차단하는 가장 확실한 보호막이다.

4. 장비는 정지 상태에서도 위험을 만들 수 있으므로, 이탈 전 점검과 조치는 절대 생략할 수 없다.

CODE 2

제조업종은 기계설비를 명확히 알아야 한다.

제조업은 수많은 기계설비를 기반으로 생산이 이루어지는 산업이기에, 작업자의 설비 이해도는 안전과 생산성의 핵심 요소라 할 수 있다. 기계를 제대로 알지 못한 채 다루는 것은 마치 보이지 않는 위험과 함께 일하는 것과 같으며, 작은 오작동이나 조작 실수도 대형 사고로 이어질 수 있다. 따라서 제조업 종사자에게 기계설비에 대한 명확한 이해는 선택이 아닌 필수이다.

먼저, 기계의 구조와 작동 원리를 정확히 아는 것은 사고 예방의 첫걸음이다. 장비가 어떤 방식으로 움직이고, 어디에 위험 요소가 있는지 이해한다면 불필요한 접근이나 무리한 작업을 피할 수 있다. 또한 기계별 비상정지 장치, 보호 커버 등 안전장치의 역할과 사용법을 숙지하는 것 역시 기본 중의 기본이다. 게다가 정기 점검과 유지보수 지식은 매우 중요하다. 마모와 고장을 방치할 경우 생산 중단은 물론 예기치 못한 사고로 이어질 가능성이 높다. 작업자가 설비 이상 신호를 조기에 감지하고 적절한 조치를 취할 수 있을 때 비로소 안전한 작업 환경이 유지된다.

또한 제조업의 특성상 공정이 복잡하게 연결되어 있어 한 대의 기계 문제가 전체 라인에 영향을 주는 경우가 많다. 따라서 설비별 연계성과 역할을 이해하는 것도 필수적이다. 이를 통해 사고 발생 시 신속하고 정확한 대응이 가능해지며, 효율적인 공정 운영에도 기여할 수 있다.

결국 제조업에서 기계설비를 정확히 아는 것은 단순한 기술적 능력을 넘어, 작업자의 생명을 지키고 조직의 경쟁력을 높이는 핵심 가치이다.

조업부서와 안전부서는 원팀이 되어야 한다.

제조 공장은 24시간 공정이 돌아가는 특성상, 조업부서와 안전, 정비, 설비부서 사이에 말다툼이나 감정적 충돌이 잦다. 여러 생각과 가치관, 서로 다른 사업운영 문화를 경험해온 사람들이 한 공장에서 새롭게 근무를 시작하면, 보이지 않는 신경전이 생기는 건 자연스러운 현상이다. 그중에서도 조업부서와 안전부서 간의 충돌은 제조현장에서 가장 빈번하게 발생하는 갈등이다.

갓 입사를 하고 얼마 되지 않았을 때다. 한 번은 내가 모시던 안전팀장이 조업부서의 관리자와 말다툼 하는 것을 목격했다. 공정 위험도가 높다고 판단한 안전부서원들이 직접 현장에 투입되어 작업 절차를 모니터링하고 개별 동작과 작업방법, 올바른 치공구 까지 지적하며 꼼꼼히 확인한 적이 있다. 그러나 조업부서는 이를 '작업 간섭'으로 받아들였고, 결국 감정적 대립으로 번졌다.

팀간의 대립은 공정 안전의 붕괴로 직결된다

나는 제조현장에서 말하는 '팀 협업'이 단순한 개별 실무 능력을 넘어 공정 안전을 떠받치는 핵심 축이라고 생각한다. 제조현장의 팀 협업이란,

고객사에서 주문한 '같은 생산 목표'를 향해 움직이는 사람들이 서로를 존중하고, 위험 상황에서 주저 없이 서로의 안전을 지켜주는 집단적 행동 양식이라고 생각한다.

그러나 팀 협업이 흔들리는 순간 불안전한 행동은 파도처럼 번진다. 몇몇 조업자가 규칙을 가볍게 여기거나 위험 행동을 반복하면, 주변 팀원들의 기준도 느슨해지며 안전전담반에서 내려진 수칙과 시달 교칙이 무시되기 쉽다. 결국 사고로 이어지기 마련이다. 그래서 나는 조업부서와 안전부서가 '한 현장의 구성원'이라는 인식을 갖도록 강조해왔다. 팀 협업이 살아 있는 공장에서는 안전규칙이 '관리자가 강요해서 지키는 것'이 아니라 '서로를 지키는 기본 약속'으로 자리 잡는다. 동료 간 지적도 자연스럽고, 규칙을 어기는 행위는 회사 전체를 위험하게 만드는 일로 받아들여진다.

조업부서가 안전을 이끌어야 제조현장은 바뀐다

많은 제조현장에서 안전은 종종 '안전부서의 일'로 오해된다. 하지만 실제로 공정을 움직이는 사람은 조업부서이며, 가장 위험에 직접 노출되는 사람도 조업부서다. 그래서 나는 항상 "안전은 조업부서가 먼저 움직일 때 비로소 문화가 된다"라고 강조해 왔다.

조업부서가 위험요인을 먼저 찾아내고, 안전수칙을 솔선수범하며, 정비 및 안전부서와 협업해 개선을 이끌 때 현장은 빠르게 변한다. 조업자가 스스로 안전장치를 점검하고, 불안전 요소를 발견하면 즉시 공유하고, 신규 인력에게 안전한 작업 습관을 몸소 보여주는 행동은 어떤 캠페인보다 효과가 크다. 주도적으로 안전을 생활화하고 동료들에게 안전을 전파할 때 비로소 무재해가 시작된다. 조업부서의 태도가 바뀌면 공장의 분위기 전체가 안정적으로 흐르고, 안전부서의 개입도 '감독'이 아니라 '지원'으로 받아들여진다. 이에 앞서 안전부서 역시 조업부서를 주저 없이 존중하고 배려하는 습관을 갖도록 하자.

『제조안전관리 핵심 Point!』

1. 팀 협업은 공정 안전문화의 중심이며, 흐트러뜨리는 요소가 있다면 과감하게 제거하라.
2. 안전은 조업부서가 주도할 때 비로소 현장에 문화로 자리 잡는다.
3. 안전부서는 조업부서를 주저 없이 존중하고 배려하라.

안전작업계획서의 필요성과 법적 책임

건설현장 뿐만 아니라, 제조현장에서도 안전작업계획서는 필요하다. 안전작업계획서는 작업을 시작하기 전에 예상되는 위험 요소를 미리 파악하고 이를 예방하거나 최소화하기 위해 수립하는 문서이며, 작업 환경과 공정 전반에서 발생할 수 있는 위험을 식별하고 대응 방안을 정리하는 필수 도구와도 같다. 산업현장마다 명칭이 조금씩 달라 작업안전계획서, 안전작업허가서, 작업안전허가서 등으로 부르기도 하지만 산업안전보건법 기준으로는 '안전작업계획서'라는 명칭이 가장 정확하다.

많은 산업현장에서 이 문서 작성이 법적으로 의무화되어 있으며, 작성하지 않거나 불성실하게 관리할 경우 법적 책임이 따른다. 사고가 발생했을 때 근로감독관과 조사기관이 가장 먼저 확인하는 문서가 바로 안전작업계획서임을 떠올리면 그 중요성이 더욱 분명해진다. 계획서에는 공정별 위험 요소, 작업 절차, 비상대책 등이 기록되어 있어 사고 원인을 분석하고 재발 방지 대책을 세우는 데 핵심 자료가 된다. 또한 비상 상황이 발생했을 때 문서에 명시된 절차에 따라 즉시 대응할 수 있으므로 피해를 최소화하는 데 중요한 역할을 한다.

작업계획의 구체성 및 현장 적용

나는 안전작업계획서를 현장에서 작성하고 확인하는 과정에서 모든 중장비 사용 항목을 특히 꼼꼼히 기록하도록 지도했다. 중량물을 다루는 지게차, 구내운반차, 화물차량과 같은 차량계 하역운반기계, 사다리차나 고소작업대와 같은 장비는 지형이나 작업면적, 기계의 제원, 운반 물품의 중량과 형상에 따라 위험도가 크게 달라지기 때문에 그에 상응하는 계획 수립이 반드시 필요하다.

매일 오전 8시 30분은 안전작업계획서의 책임자 서명을 받는 시간으로 정했는데, 기록이 불성실하거나 항목을 빠뜨린 도급사에게는 일정이 다소 늦어지더라도 다시 작성해 오도록 했다. 안전계획서의 작성이 반복적으로 미흡할 경우에는 특별안전교육을 편성해 보완했다. 안전에 관한 서류가 단순한 형식으로 끝날 경우 실제 현장에서 사고 위험이 오히려 증가하기 때문에 이러한 조치는 필수적이라고 판단했다.

작업계획서 작성 시에는 작업명과 장소, 기간, 참여 인원 및 역할, 잠재적 위험 요인, 예방 조치, 비상대응 절차, 보호구와 장비 목록, 세부 작업 순서, 사용 장비의 제원, 작업 환경 점검 내용, 책임자 및 의료기관 연락처 등에 이르는 내용이 충실히 기재되어야 한다. 이 항목들이 충족되어야만 계획서가 실제 현장에서 기능을 한다고 할 수 있다.

안전작업계획서의 운영 효과

산업안전보건법은 차량계 하역운반기계를 사용하는 작업에는 반드시 지휘자를 지정하고 작업계획에 따라 지휘하도록 명시하며, 높이 10m 이상 외부작업을 하기 위해 가설구조물 사용 시 계획 수립을 의무화하고 있다. 그러나 나는 중장비 사용 환경에서는 높이나 크기에 관계없이 전부 작업계획을 수립하도록 했다. 작업자 입장에서 다소 부담스러울 수 있으나 중대재해 예방을 위해 반드시 감안해야 할 사항이라고 판단했다.

안전작업계획서는 작업 절차와 위험 관리 기준을 표준화하는 기능을 하므로, 모든 근로자가 동일한 기준 아래 작업하게 되어 일관성과 안전성이 크게 향상된다. 이는 단순히 서류를 작성한다는 의미를 넘어, 현장의 안전문화 전반을 안정시키는 중요한 축이 된다.

『제조안전관리 핵심 Point!』

1. 안전작업계획서는 산업 유형과 공정의 특성에 관계없이 법적 근거를 갖춘 필수 문서로 관리되어야 한다.
2. 장비 제원, 작업 공간, 위험 요인을 구체적으로 기록해 실질적인 예방 기능을 갖추도록 운영해야 한다.
3. 작업계획의 표준화는 작업자의 안전행동을 일관되게 유지하는 핵심 기반이 된다.
4. 모든 계획서는 작성보다 검증, 모니터링, 실행력이 중요하다.

제조 사업장에서 운행되는 지게차, 구내운반차, 화물자동차와 같은 운반장비는 주행장치를 구비하고 있어 산업안전보건법 기준에서 차량계 하역운반기계로 정의된다. 이 장비들은 공정 내 물류 흐름을 담당하며 생산성을 유지하는 핵심 역할을 하지만, 잘못된 조작이나 부적절한 관리, 부주의한 접근으로 인해 중대 사고로 빠르게 이어질 수 있다.

장비가 현장에 투입되기 전에는 작업장 지형 및 바닥의 강도, 경사도, 통행량 등을 분석해 적절한 제한속도를 설정하는 것이 매우 중요하다. 제조업 특성상 실내 공정이 많고 이동 통로가 제한된 경우가 많아, 속도관리 하나만으로도 충돌위험을 크게 줄일 수 있다. 나는 영내에서 초기 제한속도를 시속 15km로 설정했으며, 특히 실내공정에서는 10km를 넘지 않도록 장비 자체의 성능을 제한한 채 입고시켰다. 속도위반 차량은 특별안전교육을 반복하고, 3회 이상 적발될 경우 출입금지 조치를 적용했다.

토목이 없는 제조업 현장도 시간이 지나면 바닥의 상태가 충분히 변한다. 반복적인 장비 이동으로 인해 국부적인 침하나 균열이 생기며,

장비의 중량을 견디지 못해 가장자리 부분이 붕괴하는 사례도 존재한다. 이 때문에 신호수에게 단순한 신호 동작뿐 아니라 바닥 상태를 동시에 감시하도록 지시하는 것이 사고 예방에 큰 도움이 되었다. 제조 공장 바닥은 매끈해 보이지만 진동과 충격이 누적되면 위험 구간이 빠르게 증가하므로, 신호수의 관찰력은 안전보건 요소 중 가장 직접적이고 현실적인 예방 장치라 할 수 있다.

신호수의 역할과 통일된 신호체계의 중요성

차량계 하역운반기계를 운행할 때는 신호수의 지시에 따라야 하며, 신호수가 배치된 경우 일정한 신호방법으로 통일된 지시를 내려야 한다. 관련 법령에서는 신호수와 유도원의 용어가 다소 혼재되어 있지만, 산업안전보건기준에 관한 규칙에서는 운반기계 주변에서 근로자 보호를 목적으로 배치되는 인력을 유도원 또는 유도자라 표현한다. 건설기술진흥법이나 도로교통법에서는 공사장 주변의 교통 안전 유지를 위해 신호수라는 용어를 사용하고 있으며, 제조업 현장에서는 대부분의 작업이 실내에서 이루어지지만 높은 위험성을 고려하면 신호수와 유도원 개념을 매우 동일하게 적용해야 한다.

나는 한 현장에서 신호수들이 직영부서 또는 협력사, 도급사마다 다른 방식의 신호를 사용하고 있어 위험하다고 판단했고, 모든 신호수를 한곳에 모아 집합 교육을 실시했다. 복장 기준과 장비 사용 규칙을 통일하고, 표준 신호 동작을 안전교육장 벽면에 게시해 신호수가 상시 암기할 수 있도록 했다. 또한 위험지역, 사각지대, 장비 이동 경로 등을 온라인 커뮤니티로 공유하도록 하여 신호수들이 서로의 경험을 실시간으로 전달하도록 만들었다. 이는 단순한 작업 절차 교육이라고 보기 어려울 정도로 효과가 컸고, 실제로 신호수의 위치 선정과 동작이 안정되자 교차 작업 구간의 Near Miss가 현저하게 줄었다.

특히 유념해야 할 점은 신호수 자체가 가장 위험한 위치에 서게 된다는 사실이다. 지게차나 굴착기 등에 치여 사망하는 사고의 다수가 신호수에게 발생한다는 점을 알고 있다면, 신호수 교육의 수준을 단순 기능 전달이 아닌 고위험 직무 안전 교육으로 격상해 운영해야 한다.

신호수의 복장은 반사조끼, 신호봉 또는 기, 안전모, 안전화, 안전대, 호각, 무전기로 구성되는데, 이는 안전보건공단의 안전작업가이드 기준에 충실히 따른 것이다. 제조업, 건설업 현장뿐만 아니라 물류, 기타 서비스업 등도 동일한 기준을 적용해야 한다.

출입금지, 정지 자세, 유지관리까지 포함한 종합 예방 체계

신호수 교육에서 가장 강조한 내용은 근로자 출입금지 구역 관리였다. 산업안전보건기준에 관한 규칙에서도 하역 또는 운반 중인 차량계 하역운반기계에 근로자가 접근해서는 안 된다고 명시되어 있으며, 나는 이를 더욱 강화해 운반기계 주변은 모든 근로자에게 출입금지로 통일했다. 만약 작업 특성상 사람이 필요한 경우에는 반드시 신호수를 배치했으며, 신호수의 판단에 따라 삼각대, 안전선, 안전볼라드 등으로 구역을 통제했다.

대형 운반장비가 통행하는 날이면 제조 생산업무를 하는 직영근로자 대상으로 장비의 이동경로와 시기를 공유해서 접근금지 조치를 하였으며, 특히 운전자가 장비의 수리나 점검 중에는 안전지주 또는 안전블록을 필수로 사용하게 했다. 신호수에게도 해당 부품 사용 여부를 직접 확인하도록 임무를 부여했고, 이는 신호수를 사실상 안전관리자 역할로 확장한 셈이다.

지게차와 같은 중장비는 잠시라도 오작동하거나 흔들리면 치명적인 사고를 발생시키므로, 운전자가 이탈할 때 작업장치를 모두 지면에 내려놓고 시동을 끄며 작동키를 반드시 회수하도록 교육했다. 이 조치는 단순 규칙이 아니라 작업장 내 전체 생명선을 지키는 중요한 절차로, 운전자의 습관이 정착되는 데 시간이 걸리지만 한 번 체계화되면 사고 발생 가능성을 획기적으로 줄일 수 있다.

『제조안전관리 핵심 Point!』

1. 모든 차량계 하역운반기계는 신호수의 명확한 지시 아래 운행되어야 한다.
2. 신호수는 단순 지시자가 아니라 바닥 상태 및 작업 흐름을 관찰하는 핵심 안전 감시자이다.
3. 출입금지 구역 통제와 표준 신호체계는 제조업 현장의 하역 사고를 근본적으로 줄이는 기본 조건이다.

지게차 운행은 편리함보다 위험 관리가 먼저다.

제조업 현장에서 지게차는 작업 효율을 높이는 핵심 장비로 자리 잡았지만, 한 번 사고가 발생하면 대형 재해로 이어질 수 있어 나는 교육 때마다 지게차를 가장 먼저 다뤘다. 지게차는 일반 차량과 달리 전면 시야가 화물에 의해 가려지는 경우가 많고, 무거운 짐을 들어 올리고 좁은 동선을 오가야 하기 때문에 모든 작업 과정이 위험 요소로 연결된다. 적재 상태가 불안정하면 짐이 떨어질 수 있으며 회전 반경이 좁은 작업장에서는 다른 설비나 작업자와 충돌할 가능성도 높다. 특히 지게차 포크는 낮은 위치에서 빠르게 움직이기 때문에 주변 근로자가 위험을 인지하지 못한 채 사고에 노출될 수 있었다.

나는 용역 지게차를 불러 사용하는 현장에서 운전자의 경력과 교육 이력을 반드시 확인했다. 지게차는 단순 경험만으로 안전하게 다룰 수 있는 장비가 아니기 때문에 법적 교육을 이수하고 숙련도가 충분한 운전자를 선정하는 것이 기본 전제였다.

또한 전조등과 후미등이 비정상 상태이거나, 헤드가드와 백레스트를 제외한 나머지 안전 옵션이 부착되지 않은 지게차는 현장 출입을 허용하지 않았다. 제조 사업장에서 안전 사양은 선택이 아니라 생명을 지키는 최소 조건이기 때문이다.

헤드가드 설치 기준은 운전자 보호를 위해 법령에서 매우 명확하게 규정하고 있었다. 운전자가 앉아서 조작하는 지게차는 좌석 상단에서 헤드가드 하면까지 최소 1m 이상이어야 하고, 서서 조작하는 지게차는 바닥면에서 헤드가드 하면까지 2m 이상 확보되어야 했다. 이는 낙하물 사고로부터 운전자의 머리와 상체를 보호하기 위한 구조적 기준이었다.

제조업 특성에 맞춘 지게차 안전장치의 필요성

직영 장비를 구매할 때 나는 안전 옵션 여부를 가장 먼저 확인했다. 특히 제조업 현장에서 지게차는 건설현장보다 가동 빈도가 높고 반복 작업이 많기 때문에 전복, 충돌, 끼임 사고 가능성을 더 신중하게 관리해야 했다.

전복방지장치, 즉 ROPS는 지게차 안전장치 중 가장 중요한 항목으로, 지게차가 넘어지는 상황에서 운전자를 생존 공간 내에 보호하기 위한 구조물이다. 제조업 현장의 바닥은 일반적으로 평탄하다는 인식이 있지만, 실제로는 노면 손상, 바닥 경사, 물기나 윤활유, 운반 자재 흔적 등으로 인해 전복 가능성이 언제든 존재했다. 그래서 ROPS는 선택의 여지가 없었다.

차체 안정성 시스템은 지게차의 중심을 자동으로 판단하여 과도한 기울기나 무게 편중을 감지했을 때 자동 감속 또는 경고 기능을 작동시켰다. 제조업에서 반복적 중량 운반은 포크 높이가 조금만 높아져도 무게중심이 흔들릴 위험이 있기 때문에 이러한 시스템은 실제 현장에서 사고를 여러 차례 예방해 주었다.

무게 경고 시스템도 실효성이 높았다. 작업자들은 바쁜 일정 속에서 적재 중량을 정확히 판단하기 어려웠고, 이때 실시간 하중 모니터링은 과적 인양을 방지하는 데 큰 도움이 되었다. 자동 브레이크 시스템과 틸트 센서, 경고 알람 시스템도 지게차의 갑작스러운 후진, 회전, 포크 움직임을 안정적으로 제어하는 데 유익했다.

제조업의 상부 이동 통로는 건설업보다 복잡한 동선과 더 좁은 공간이 많아 지게차 사고는 대부분 충돌, 낙하, 협착으로 발생했기 때문에 이러한 장치들은 사고를 예방하는 가장 확실한 방패였다.

적재 도구 점검이 사고 예방의 중요한 요소가 된다

지게차의 포크만 안전하다고 해서 모든 문제가 해결되는 것은 아니다. 적재용 팔레트와 스키드는 반드시 중량에 적합한 강도와 구조를 가져야 하며, 철제 팔레트든 플라스틱 팔레트든 조금이라도 파손, 변형, 균열이 있으면 즉시 폐기했다. 팔레트의 손상은 화물 낙하 사고로 이어지는 가장 직접적인 위험 요소인데, 실제 사고 사례를 보면 "조금 흔들려도 괜찮겠지"라는 판단에서 시작된 것이 대부분이었다.

나는 교육 때마다 적재 도구의 점검을 '지게차 운행보다 먼저 해야 하는 절차'라고 강조했다. 제조업에서는 팔레트 위에 다층 적재를 하는 경우도 많기 때문에 팔레트와 포크 간의 안정성은 항상 점검해야 했다.

『제조안전관리 핵심 Point!』

1. 지게차는 시야 확보, 적재 안정성, 운전자 숙련도까지 모두 충족해야 안전하다.
2. ROPS, 안정성 제어장치, 하중 경고 시스템 등 스마트 안전장치를 장착해야 한다.
3. 전조등, 후미등, 후방 알람 등 기본 안전 옵션 없이 운행해서는 안 된다.
4. 팔레트와 스키드는 손상 여부를 매일 확인하고 기준에 미달하면 즉시 폐기한다.

제조공장은 하루에도 수차례 물류 차량이 드나들고, 원부자재나 설비 부품이 빈번히 이동하는 만큼 하역운반기계 주변은 항상 긴장감이 흐른다. 특히 트레일러나 대형 화물차량은 적재물의 크기와 중량이 넓은 범위로 변화하기 때문에 사소한 부주의만으로도 큰 사고로 이어질 수 있다. 작업자가 화물차량 주변에서 움직일 때 시야가 제한되는 구간이 생기고, 고정이 불완전한 화물은 조금만 흔들려도 낙하 위험이 발생한다. 나는 이러한 특성을 이유로 하역이 이루어지는 날이면 작업반장과 함께 일정 구간을 통제하고, 하역운반기계가 정차한 순간부터 작업이 종료될 때까지 현장을 끊임없이 관찰했다.

실제로 제조업 현장에서도 하역 중 낙하 사고, 끼임 사고가 반복적으로 보고된다. 적재물의 형태가 불규칙하거나 묶음 상태가 불량한 경우, 차량의 위치가 고르지 못한 바닥에 놓였을 경우에도 위험이 커진다. 공장 내부 바닥은 생각보다 균일하지 않고 진동과 이동으로 금세 변형되기 때문에 차량이 들어오면 먼저 지지상태를 확인하고, 하역 작업자가 화물의 고정 상태를 직접 눈으로 확인하는 절차를 당연한 순서처럼 정착시켰다.

적재, 하역 과정의 기본 원칙을 확립하라.

화물을 싣거나 내리는 과정 모두 중요한데, 우선 적재 단계에서부터 편하중이 생기지 않도록 배치를 균형 있게 해야 하고 운전자의 시야를 가리지 않는 높이로 제한해야 한다. 산업안전보건기준에 관한 규칙은 화물 붕괴나 낙하 위험을 방지하기 위해 로프나 체인을 이용한 고정 조치를 기본으로 요구하고 있으며, 최대적재량 초과는 어떤 사유로도 허용되지 않는다. 이는 제조업 물류라인에서도 예외가 없다.

특히 중량이 큰 화물을 다루는 경우에는 서두르는 분위기가 가장 위험하다. 점검 없이 작업을 시작하면 화물차나 지게차가 갑작스럽게 움직이거나 짐이 불안정하게 흔들려 사고 위험이 커진다. 그래서 나는 중량이 100kg을 넘는 화물을 다루는 모든 작업에서 작업 지휘자를 반드시 지정하도록 했다. 지휘자는 작업순서와 단계별 안전 조치를 명확히 정리하고, 그 절차가 현장에서 그대로 이행되는지 확인해야 한다.

높은 적재함에서의 추락 위험 관리가 중요하다.

화물자동차 적재함의 높이는 제조공장에서도 종종 2m 이상이 된다. 이 구간에서 작업자가 오르내리는 과정은 추락사고가 가장 많이 일어나는 지점 중 하나이다. 나는 근로자가 적재함과 바닥 사이를 이동할 때 반드시 전용 승강설비가 설치된 차량에서만 작업하도록 했다.

임시 발판이나 컨테이너 모서리를 밟고 이동하는 행위는 금지했으며,

추락 시 머리에 가해지는 충격이 치명적일 수 있어 안전모 착용을 기본 원칙으로 두었다. 지금은 적재함 모서리를 기준으로 빔포스트에 구명줄을 달아 안전벨트의 고리를 체결 하도록 하고 있다.

제조업에서는 적재물 형태가 다양해 하적단의 중간을 먼저 비우는 잘못된 방식이 반복되기도 한다. 중간을 먼저 비우면 상부 하중으로 인해 붕괴가 발생하기 쉽기 때문에 나는 작업자 교육에서 항상 하적순서의 중요성을 강조했다. 화물 위에 올라가 상태를 확인하다가 미끄러지거나 적재물 사이에 발이 끼어 추락한 사례들이 반복적으로 보고되고 있어 이를 예방하는 것이 매우 중요하다.

섬유로프, 체인 등 고정 장비 점검이 일상화되어야 한다.

하역작업에서 흔히 사용하는 섬유로프나 슬링벨트는 작은 손상만 있어도 절대 사용할 수 없다. 특히 부식이나 마모가 육안으로 판단하기 쉬운 편이지만, 바쁜 작업 환경에서는 상태 점검이 소홀해지기 쉽다.

나는 공장 내 하역구역에 로프걸이를 넓게 설치해 모든 로프를 보기 쉽게 배치하도록 했다. 로프가 바닥에 놓이면 손상 부위를 제대로 확인할 수 없기 때문이다. 작업자는 로프걸이에 걸린 상태에서 점검하고, 이상이 있는 장비는 즉시 폐기하도록 절차를 정해 놓았다.

지게차나 크레인을 이용한 하역에서도 로프풀기 작업이나 덮개 제거 작업 전에는 낙하 위험이 없는지를 다시 확인하도록 하고, 작업 구역 주변에는 관계자 외 출입을 일체 제한했다. 이는 작업자가 스스로 부주의를 경계하도록 만드는 중요한 장치이기도 했다.

『제조안전관리 핵심 Point!』

1. 하역작업은 적재물의 고정 상태, 차량의 안정성, 작업자의 위치가 얽혀 복합 위험을 만들기 때문에 절차의 세분화가 필수적이다.
2. 작업 지휘자를 지정하고 순서와 방법을 명확히 하라.
3. 2m 이상의 높이에서 이루어지는 적재, 하역 작업은 추락 위험이 크므로 반드시 전용 승강설비와 보호구 착용을 전제로 해야 한다.
4. 고정장비 점검, 작업구역 통제, 적재물 상태 확인은 형식이 아니라 일상화된 습관으로 자리잡아야 사고를 실제로 줄일 수 있다.

천장 크레인의 특성과 사고 위험을 파악하라.

제조공장에서 사용하는 천장 크레인은 겉보기에는 단순한 이동 장비처럼 보이지만, 실제로는 공장 전체 공정 중 가장 높은 위험도를 가진 장비 중 하나다. 수십 톤에 달하는 하중을 공중에서 들어 올리고 이동시키기 때문에 작은 실수 하나가 즉각 중대재해로 이어질 수 있다. 나는 처음 제조 현장을 맡았을 때, 건설 현장에서 수없이 보아 왔던 크레인 사고가 제조업 환경에서도 동일하게 나타난다는 사실에 적잖이 놀랐다. 트롤리의 횡행 속도, 주행로의 진동, 와이어로프의 늘어짐 등 아주 작은 요소들이 누적되면 위험이 순식간에 현실이 되기 때문이다.

특히 많은 작업자들이 "크레인은 호이스트와 비슷하다"는 생각을 갖고 있었는데, 교육 시간마다 두 장비의 차이를 설명하느라 시간을 꽤 들였다. 크레인은 복합 구조와 넓은 작업 범위를 가진 장비로 수직과 수평 이동이 모두 가능하며 회전 기능까지 갖추고 있다. 반면 호이스트는 정해진 레일을 따라 단순히 들어 올리고 내리는 기능이 중심이라 위험요인도 다르고 관리 방식도 달라야 한다. 제조업 현장에서는 이 두 장비가 함께 설치된 경우가 많기 때문에 장비별 위험요소를 구분해 인식하도록 하는 것이 매우 중요했다.

방호장치, 와이어, 슬링벨트는 작업 전 점검이 생명선이다

크레인은 구조가 복잡할수록 방호장치도 많아진다. 주행레일의 상태, 트롤리의 횡행부, 권상장치의 간격, 브레이크 장치의 반응성, 권과방지장치, 과부하방지장치 등은 매일이 아니라 매 순간 점검해야 한다고 말해도 과장이 아니다. 나는 제조공장에서 크레인 점검을 단순한 '점검표 작성'이 아니라, 실제 장비 상태를 눈으로 직접 확인하고 손으로 만져보는 과정으로 정착시키기 위해 노력했다.

특히 권과방지장치는 반드시 유지되어야 하는 필수 안전장치임에도 불구하고, 현장에서 "있긴 한데 작동 의심이 된다"라는 말을 듣는 경우가 있었다. 이런 장비는 나는 고민할 것도 없이 즉시 사용 중지시켰다. 와이어로프 간격이 0.25m 이내로 붙으면 충돌과 급정지가 발생할 가능성이 커지기 때문에 반드시 기준 이상으로 확보하도록 조정했다.

슬링벨트와 체인은 더욱 엄격하게 관리해야 한다. 제조업 현장은 화학약품, 윤활유, 먼지 등으로 오염이 잦아 미세 손상이 눈에 띄지 않게 진행된다. 나는 작업자들이 쉽게 점검할 수 있도록 슬링벨트 보관대를 넓은 면적으로 재배치했고, 벨트가 바닥에 닿지 않도록 보관 방법 자체를 바꿨다. 이렇게 정리된 뒤로 작업자들이 손상 여부를 훨씬 더 정확하게 확인할 수 있었고, 불량 장비가 현장에 유입되는 일이 확연히 줄었다.

적합하지 않은 장비 투입은 사고의 시작이다

크레인 사고 중 상당수는 "장비의 문제" 뿐만 아니라 "장비 선택의 문제"도 있다. 건설 현장에서와 마찬가지로, 제조업 현장에서도 정격하중의 인지 부족으로 부적절한 크레인을 사용하는 경우가 있었다. 실제로 한 번은 무거운 설비 모듈을 옮기려는 작업에서, 해당 크기와 하중에 전혀 맞지 않는 천장 크레인을 사용하는 것을 발견했다. 부하율이 이미 최대치에 가까웠고, 트롤리가 레일 끝으로 몰릴 가능성이 커 즉각 작업중지를 지시했다. 해당 장비는 과부하방지장치가 이미 고장난 상태였다.

이런 사례를 반복해서 경험한 끝에 나는 장비 선택 시 최소한 "정격하중"과 "최대사용하중"을 작업자뿐 아니라 관리자도 숙지하도록 했다. 기준 자체를 모르는 상태에서 안전을 기대할 수는 없기 때문이다.

『제조안전관리 핵심 Point!』

1. 천장 크레인은 작은 구조적 이상도 중대재해로 이어질 수 있으므로 방호장치, 와이어, 슬링벨트 점검을 일상화해야 한다.
2. 권과방지장치 및 과부하방지장치 등 필수 안전장치가 미작동하는 크레인은 즉시 사용을 중지해야 한다.
3. 장비 특성과 정격하중을 정확히 이해하고, 작업 조건에 맞지 않는 크레인 사용을 사전에 차단해야 한다.

크레인 사고가 반복되는 이유를 직시하라.

크레인은 제조업과 건설업을 불문하고 가장 높은 위험군에 속한다. 과거 플랜트 시공을 맡았을 때 전체 중대재해 중 약 20%가 크레인 관련 사고였고, 그중 대부분이 사망사고였다. 시간이 지나 제조 현장을 맡으면서 느낀 점 또한 동일했다. 환경은 달라졌지만 사고의 본질은 조금도 변하지 않았다. 고중량 하중을 공중에서 움직이는 장비 특성상, 사소한 신호 착오나 잘못된 줄걸이만으로도 치명적 결과가 발생하기 때문이다.

사고 보고 사례를 하나씩 분석해보면 원인은 비교적 단순하다. 잘못된 신호전달, 표준 미준수, 달기구 고정 미흡, 위험물 취급 부주의, 방호장치 점검 소홀 등이 반복됐다. 줄걸이 작업자가 정확한 신호를 숙지하지 못하거나, 작업 반장의 지시 없이 임의로 화물을 움직이다가 충돌, 끼임 사고가 발생하는 경우도 많았다. 나는 이러한 패턴을 현장에서 직접 수없이 확인했고, 결국 "복잡한 기술보다 기본을 지키지 않아 사고가 난다"는 결론에 도달했다.

줄걸이, 신호, 방호장치 점검은 크레인의 생명선이다

안전 교육을 진행할 때마다 가장 먼저 강조한 내용은 줄걸이와 신호, 그리고 방호장치였다. 인양 중인 화물을 끌어당기거나 발로 미는 작업은 절대 금지하도록 했고, 특히 유류드럼이나 가스통처럼 2차 폭발 위험이 있는 위험물은 전용 보관함에 넣어 올리도록 기준을 명확히 했다. 제조업 현장에서도 위험물 운반은 흔한 업무라, 이 조항은 늘 반복적으로 교육했다.

또한 인양 중인 화물 아래로 작업자가 접근하지 못하도록 작업반장이 사전에 구역을 통제하도록 했고, 화물이 보이지 않는 지점에서는 무조건 정지 후 신호수를 통해서만 움직이도록 규칙을 고정했다. 크레인 작업에서 "보이지 않는 상태로 움직인다"는 행동만큼 위험한 것이 없기 때문이다. 이동식 크레인의 경우 주요 방호장치가 정상 작동하는지 확인하는 과정은 필수였다. 과부하방지장치, 권과방지장치, 브레이크장치가 유효하게 작동해야 하며, 특히 권과방지장치는 달기구 윗면과 상부 구조가 최소 0.25m 이상 간격을 유지하도록 조정했다. 이 간격이 무너지는 순간 장비는 충돌과 급정지를 반복하고, 이는 와이어 파단이나 달기구 이탈로 이어질 수 있다

유압식 크레인은 안전밸브 설정이 중요한데, 최대 정격하중을 걸었을 때 발생하는 유압보다 낮은 압력에서 작동하도록 조정해야 한다. 제조현장은 반복 인양이 잦아 유압 피로가 빨리 축적되기 때문에 나는 이 항목을 월 1회 이상 점검하며 기준치를 재확인하도록 했다.

장비 자격과 탑승 안전 확보는 절대 타협할 수 없다

크레인 작업을 맡는 운전자는 건설기계관리법에 따른 면허를 보유해야 하며, 제조업에서도 이는 동일하게 적용된다. 나는 장비를 사용하는 부서의 관리감독자에게 면허 확인을 철저히 하도록 지시했고, 후크해지장치 사용법 또한 매일 TBM에서 재확인하도록 교육했다. 후크해지장치 사용이 미숙하여 와이어로프가 벗겨지는 사고가 국내에서 반복적으로 발생했기 때문이다.

크레인 달기구에 탑승설비를 장착해 작업자를 태워야 하는 경우도 있는데, 이때는 안전난간 설치 혹은 안전대, 구명줄 체결이 가능한 환경을 반드시 먼저 만들어야 했다. 탑승설비와 작업자 중량의 1.3배에 500kg을 더한 수치가 정격하중을 초과하지 않도록 제한하는 규정도 철저히 지켰다. 장비 한계치를 넘기면 사고 예방은 불가능하다고 판단했기 때문이다.

『제조안전관리 핵심 Point!』

1. 크레인 사고의 핵심 원인은 기본수칙 미준수이며, 올바른 줄걸이와 신호, 구역통제가 가장 중요한 예방 요소다.
2. 운전자의 자격을 체크하고, 후크해지장치의 역할을 이해할 때 사고 가능성을 낮추는 지름길이다.
3. 탑승설비를 사용하는 작업은 추락방지 장치와 하중 계산을 우선적으로 해야 한다.

안전계수의 의미와 설계 과정에서의 필수성

산업현장에서 사용하는 장비와 구조물은 눈에 보이는 강도만으로 안전을 보장할 수 없다. 그래서 설계 단계에서는 항상 안전계수를 적용한다. 안전계수는 허용응력과 파단응력의 비로 정의되며, 실제 작업에서 예상되는 하중이나 충격, 환경 변화가 존재하더라도 장비가 파손되지 않도록 설계 여유를 확보하는 기준이다. 설비가 반복하중과 진동, 부식처럼 예측하기 어려운 스트레스에 노출되는 것은 제조공정에서도 흔한 일인데, 안전계수는 이러한 불확실성을 흡수하는 역할을 한다. 재료의 편차, 제작 공정 중 발생할 수 있는 오차 역시 안전계수가 없다면 설계 기준에서 벗어나 위험해질 수 있다. 따라서 제조업에서 사용되는 크레인 달기구나 와이어로프 또한 안전계수를 충족해야만 인증과 법적 기준을 만족할 수 있다.

오래 전, 근로자들이 사용하는 공구, 기구, 부재 등을 일일이 확인하던 시절 때 일이다. 설비업체가 가져온 달기체인의 안전계수 표기 상태를 직접 확인하는 일을 일상처럼 반복했다. 간혹 태그가 훼손되어 정격하중이나 제조정보가 모호한 체인이 반입되는 경우가 있었고, 그때마다 사용을 막고 즉시 반출하도록 지시했다. 제품 상태가 온전하더라도 안전계수나 최대허용하중 표기가 없으면 현장에서 그 장비의 한계를 알 수 없기 때문이다. 사용자는 불확실한 장비를 무심코 사용할 수 있고, 그 순간 사고의 가능성은 예측 범위를 벗어난다.

와이어로프와 달기체인의 위험성과 점검 기준

와이어로프나 달기체인은 구조적으로 흠이 생기면 치명적 결과를 초래한다. 파단사고는 대부분 과하중, 부식, 내부 균열, 사용 연한 초과, 점검 부실이 복합적으로 작용해 발생한다. 문제는 파단이 거의 예측 불가능하다는 점이다. 외형이 멀쩡해 보여도 내부 스트랜드가 이미 피로파괴 단계에 진입해 있는 경우가 많고, 부식은 로프 내부부터 시작되기 때문에 외부에서 확인하기 어렵다.

나는 실제로 내부 단선이 누적되다가 작업 중 갑작스럽게 끊어진 사고를 조사한 적이 있는데, 그때 작업공간을 덮친 충격음과 작업자들의 놀란 표정을 아직도 잊지 못한다. 다행히 인명피해는 없었지만 작업 플랫폼이 크게 파손되며 주변 설비가 손상되었다.

와이어로프가 끊어지면 화물이 추락하고, 파단된 로프는 강한 장력을 받던 상태에서 채찍처럼 튀어오른다. 이른바 '채찍 효과'인데, 초고속으로 휘둘리는 로프가 작업자를 강하게 타격하면 생명을 잃는 사고도 빈번하게 보고된다. 제조업에서도 고소 작업과 인양작업이 잦기 때문에 이러한 위험성을 반드시 고려해야 한다. 특히 컨테이너나 설비 모듈을 옮기는 과정에서는 고중량이 수반되므로 파단 순간 발생하는 충격은 단순한 장비 고장이 아니라 전면적 작업 중단과 시설 손상, 인명 피해로 이어질 수 있다.

따라서 와이어로프의 한꼬임에서 끊어진 소선이 10% 이상 보이거나, 로프 지름이 공칭지름 대비 7% 초과 감소한 경우, 꼬임이 심하거나 변형 또는 부식이 확인된 경우는 절대 사용할 수 없다. 달기체인의 경우도 최초 제조 시 길이 대비 5% 초과 증가했거나, 단면지름이 10% 초과 감소한 경우, 균열, 변형이 있는 경우 모두 사용 금지다. 나는 현장에서 소선 한 가닥이라도 끊어진 것이 보이면 즉시 교체하도록 조치했다. 눈에 보이는 결함을 허용하기 시작하면 어느 순간 경계심이 무너지고, 그 결과가 사고로 이어진다는 사실을 수없이 경험했기 때문이다.

양중용구의 제작, 관리 기준과 현장에서의 실제 적용

와이어로프는 보통 꼬아넣기나 압축멈춤 방식으로 제작되는데, 이는 하중을 균일하게 분산시키고 로프 전체의 구조적 안정성을 보장하기 위한 필수 조건이다. 제조 기준(ISO, KS 등)에서는 이 방식을 기본적으로 요구하고 있으며, 끝단 처리 방식이 부적절할 경우 사용 중 로프가 풀어지거나 미끄러지는 사고가 발생한다. 나는 신규 로프를 반입했을 때 끝단의 압축멈춤 상태, 스플라이스 규격 등이 규정대로 제작되었는지 꼼꼼히 확인했다. 특히 가스용단처럼 열을 이용해 자른 로프는 사용이 금지되는데, 내부 조직이 약해져 파단 위험이 급격히 높아지기 때문이다.

링, 샤클, 후크 등 고리걸이용구 역시 작은 균열이나 변형, 마모가 확인되면 즉시 폐기해야 한다. 태그가 떨어진 섬유벨트 역시 사용할 수 없는데, 제조사가 제공한 정보 없이 하중을 판단하는 것은 매우 위험하다. 실제로 나는 태그가 없는 슬링벨트를 사용하려던 작업자를 제지한 일이 있다. 그들은 "멀쩡해 보이니 쓰자"고 했지만, 나는 무조건 교체를 지시했다. 결국 며칠 뒤 회수된 벨트에서 내부 손상이 발견되었는데, 그 벨트를 그대로 사용했다면 사고로 이어졌을 것이라는 생각에 오히려 다행이라는 마음이 들었다.

『제조안전관리 핵심 **Point!**』

1. 안전계수는 불확실한 작업 환경을 대비하는 설계의 마지막 장치이며, 표기와 확인 절차가 반드시 선행되어야 한다.
2. 와이어로프와 달기체인의 결함은 작은 징후라도 즉시 교체해야 하며 내부 손상은 육안으로 예측하기 어렵다.
3. 양중용구는 제작 방식과 관리 기준이 명확하므로 규정 외 상태는 단 한 번도 예외 없이 사용이 금지되어야 한다.
4. 태그, 표식이 없는 장비는 하중 판단이 불가능하므로 외관과 무관하게 즉시 퇴출하는 것이 안전관리의 기본 원칙이다.

제조 현장에서 XRD는 단순한 분석기가 아니라, 공정의 안정성과 재료의 품질을 좌우하는 핵심 장비로 취급된다. X-선 회절이라는 물리적 원리를 기반으로 물질의 결정 구조를 분석하기 때문에 그 안에서 방출되는 X-선은 본질적으로 위험 요소를 포함한다. 나는 처음 XRD 도입 프로젝트를 맡았을 때, 장비 설치보다 '장비를 둘러싼 안전 구조'를 점검하는 데 시간을 더 많이 썼다. X-선 튜브에서 고전압이 발생하고, 시료 스테이지가 회전하면서 회절 신호를 검출기까지 전달하는 과정에서 어느 하나라도 정렬이 틀리면 결과의 신뢰도가 떨어질 뿐 아니라 방사선 누설 위험도 높아지기 때문이다.

XRD는 X-선을 생성하는 튜브, 회절 신호를 감지하는 검출기, 그리고 이들을 지정된 회전 각도로 움직이는 회절계로 구성된다. 모든 구조가 브래그 법칙을 충족할 때만 정확한 회절 신호가 나타나기 때문에 장비의 기계적, 광학적 정렬은 안전과 실험 신뢰도의 출발점과도 같다. 특히 고전압 회로와 열이 집중되는 X-선 튜브는 미세한 진동이나 온도 변화에도 민감하다. 냉각수의 흐름이 조금만 흔들려도 튜브 수명이 급격히 줄고, 이는 방사선 출력 불안정으로 이어질 수 있다. 이런 이유 때문에 제조 현장에서 XRD는 '방사선 발생 설비'라는 점을 먼저 인식해야 한다.

초기 설치와 시운전에서 발생하기 쉬운 위험들

초기 설치 단계에서 나는 두 가지를 가장 먼저 확인한다. 첫째는 외부 차폐 구조가 설계된 대로 구축되었는가, 둘째는 장비 외함과 모든 제어 계통의 접지가 정상인가. 제조 공정 특성상 주변에 모터나 전력 설비가 많고, 그로 인해 서지가 발생하면 고전압 회로에 직접 충격이 가해질 수 있다. 가벼운 전압 불안정이라도 X-선 튜브의 내부 금속 타겟에 손상을 줄 수 있기 때문에 전원부는 반드시 서지 보호와 안정화 장치를 포함해야 한다. 바닥은 수평이어야 하고 주변 온도는 변동이 적어야 한다는 조건도 단순한 권고가 아니다. 나는 과거 바닥 진동이 있는 곳에서 장비를 서둘러 가동한 업체의 사례를 본 적이 있는데, 회절각이 왜곡된 채로 데이터를 쌓아 결국 수개월치 분석 결과를 다시 모두 검증해야 했고, 그 과정에서 장비 정렬까지 다시 진행해야 했다.

시운전 과정에서는 전압과 전류를 한 번에 올리는 것이 금지되어 있다. 특히 새로 교체된 X-선 튜브는 열충격에 매우 취약해 급격한 전류 상승이 튜브 내부를 손상시키는 사례가 반복적으로 보고된다. 나는 시운전 시 표준 시료를 먼저 장착하여 회절각과 검출기 감도를 확인하고, 인터록이 실제로 정상 작동하는지 장비 밖에서 직접 눈으로 확인하는 절차를 제외한 적이 없다. 차폐 도어가 열려 있음에도 X-선이 미약하게나마 방출되는 경우가 드물게 존재한다는 사실을 나는 실제 사례를 통해 경험했고, 이후부터는 인터록 검사는 가장 기본적인 정기 점검 항목으로 포함시켰다.

방사선 사고의 형태와 현장에서 느낀 위험성

방사선 누설 사고는 대부분 작은 오작동에서 시작된다. 인터록 접점이 닳아 작동하지 않는 상태에서 측정이 이루어지거나, 외함 일부가 미세하게 들려 있는 상태에서 사용된 사례가 국내외에서 보고되었다. X-선 튜브는 열과 압력이 집중되는 부품이기 때문에 냉각계 이상으로 튜브가 파손되는 사고도 드물지 않다. 동일한 장비를 사용하던 인근의 제조 회사에서는 냉각수 유량이 감소했음에도 경보가 무시된 채 측정을 지속해 튜브 내부에서 불꽃이 튀며 장비가 급정지한 사례가 있었다. 다행히 방사선 누설은 없었지만, 그 순간 발생한 소음과 충격은 작업자들에게 상당한 공포감을 주었다고 전해들었다.

시료 장착 과정 역시 방사선 못지않게 사고 원인을 품고 있다. 분말 시료가 홀더에 제대로 눌리지 않은 상태로 회전하다 튀거나, 금속 시편이 떨어져 검출기 쪽으로 밀려 들어가는 경우는 실험실에서 흔히 발생하는 문제다. 장비 내부는 정밀 광학 구성품으로 가득 차 있기 때문에 이러한 충격은 광학계 정렬에 영향을 주고, 결국 장비 전반의 정확도를 떨어뜨린다. 나는 제조업체에서 발생했던 시료 비산 사고를 조사한 적이 있는데, 단순한 홀더 체결 불량이었지만 그로 인해 검출기 교체 비용이 발생했고 분석 일정도 장기간 지연되었다.

<u>안전 운용과 유지관리의 실질적 기준</u>

XRD는 결국 사람이 다루는 장비이기 때문에 운영자의 습관과 관리 수준이 안전을 결정한다. 장비 가동 전에는 차폐 도어와 인터록, 냉각수 흐름, 접지 상태를 일상 점검해야 하고, 튜브 사용 시간은 반드시 기록해 교체 주기를 관리해야 한다. 측정 중 진동이나 소음이 발생하면 즉시 정지하고 원인을 파악해야 하며, 무리하게 측정을 지속하는 행위는 광학계와 회절계를 동시에 손상시킨다.

정기 교정 역시 핵심이다. 표준 물질로 회절 패턴을 비교해 검출기 감도와 회절각 보정 상태를 점검하고, 장비의 상태 변화를 기록으로 남겨야 한다. 제조업에서는 XRD와 XRF를 함께 운영하는 경우가 많기 때문에 두 장비 간 역할 분담을 명확히 하고 데이터 흐름을 통일하면 분석 신뢰도가 크게 향상된다. XRD가 결정 구조 분석을, XRF가 원소 성분 분석을 담당하며 두 결과가 일치할 때 공정의 품질 안정성이 확인되므로 그 조합은 매우 유용하다.

『제조안전관리 핵심 Point!』

1. XRD의 차폐 구조와 인터록 점검이 정기화되어야 한다.
2. X-선 튜브의 냉각과 전원 안정성은 사고 예방의 핵심이며, 초기 시운전 절차를 생략하면 수명과 안전성이 동시에 저하된다.
3. 시료 장착 불량과 광학계 정렬 오류를 무조건 막아라.

방폭기기와 폭발 위험장소의 기본 개념

나는 제조공장 자체 안전진단 또는 노동부 근로감독관으로 부터 감독을 받을 때 "여기는 왜 방폭기기를 써야 하나요?"라는 질문을 자주 받았다. 방폭은 어렵고 복잡한 기술 이야기가 아니라, 한마디로 "점화 에너지를 어떻게든 밖으로 못 나가게 막는 기술"이라고 이해하면 쉽다. 기기 내부에서 스파크나 과열이 생기더라도 주변의 가연성 가스와 분진에 옮겨 붙지 않도록, 또는 애초에 점화 에너지가 생기지 않도록 설계된 장비가 바로 방폭기기다.

위험지역에서 사용하는 설비는 주변에 존재하는 가스와 분진의 특성에 맞는 방폭 등급을 반드시 가져야 한다. 이것은 단순한 권고가 아니라, 수많은 폭발사고 사례를 토대로 법에까지 반영된 최소 기준이다. 가연성 가스나 미세 분진이 공기 중에 일정 농도 이상으로 섞이면, 눈에 보이지 않는 작은 전기 스파크 하나만으로도 대형 폭발이 일어날 수 있다. 화학공장, 정유 및 가스 시설, 분말을 다루는 공장, 곡물 저장소, 제분소 같은 곳이 대표적인 예다. 이런 공간에서는 반드시 방폭 인증을 받은 전기, 기계 설비만 설치할 수 있다.

방폭 방식도 여러 가지다. 내부에서 폭발이 일어나더라도 두꺼운 외함이 폭발을 가둬 외부로 전달하지 않도록 설계하는 내압 방폭형, 회로 자체의 에너지를 아주 낮게 제한해 점화를 원천적으로 막는 본질안전 방폭형, 점화 우려가 있는 부분을 오일 속에 잠기게 하는 유입 방폭형, 고체 수지로 완전히 캡슐화하는 몰드 방폭형 등이 있다. 이 밖에 압력 유지형, 안전증 방폭형 등도 실무에서 자주 마주치는 구조다.

폭발위험장소의 구분도 역시 매우 중요하다. 나는 현장에서 PFD와 P&ID를 펼쳐 놓고, PSV와 밸브, 탱크, 배관에서 가연성 가스가 누출될 수 있는 구간을 하나씩 짚어가며 Zone 구분도를 작성한 경험이 여러 번 있다. 가스, 증기가 얼마나 자주, 얼마나 오래 존재할 수 있는지를 평가해 Zone 0, 1, 2, 그리고 분진의 경우 Zone 20, 21, 22로 나누고, 그 결과를 도면에 표시해 두어야 적절한 방폭기기를 선택할 수 있다. 이 작업을 건너뛰고 "대충 이쯤이겠지" 하다가, 전혀 맞지 않는 등급의 기기를 설치한 현장을 실제로 본 적도 있다.

현장에서 자주 마주치는 방폭 설비와 등급 읽는 법

방폭기기 중에서도 가장 대표적인 설비는 전기모터다. 가연성 가스가 조금이라도 섞일 수 있는 공간에서 일반 모터를 돌리는 것은, 불 붙은 성냥을 휘발유 증기 근처에 두는 것과 크게 다르지 않다. 모터는 회전하면서 필연적으로 마찰과 열, 미세한 스파크를 동반하기 때문이다. 정유공장과 가스 처리 공장에서 방폭 모터를 기본으로 사용하는 이유가 여기에 있다. 나는 한 번은 원유 저유탱크 주변 펌프 구역에서 일반 모터를 발견하고 소속 엔지니어들과 꽤 긴 시간을 두고 설비 교체 계획을 다시 잡은 적이 있다. 별 문제 없이 돌아가고 있다고 해서 안전한 것은 아니다.

방폭 모터는 내압, 유입, 압력 유지, 안전증 등 다양한 방식으로 설계되어 내부에서 발생하는 스파크나 고온이 외부 폭발성 분위기와 직접 만나지 않도록 차단한다. 같은 맥락에서, 정유와 화학 공정에서 배관 동결 방지나 온도 유지를 위해 사용하는 전기히터 역시 방폭형을 적용하는 것이 원칙이다. 기기 내부에서 폭발이 일어나더라도 외부로 전파되지 않도록 두꺼운 금속 케이싱으로 감싸는 내압 방폭형 전기히터가 대표적이다.

이러한 설비를 선택할 때 가장 먼저 확인해야 하는 것이 바로 방폭 등급 표기다. 현장에서 장비의 네임플레이트를 보면 "Ex d IIB T4", "Ex e IIC T4(IP65)" 같은 낯선 코드가 적혀 있는 경우가 많다. 나는 신입 엔지니어와 점검을 다닐 때면 일부러 이 표기를 읽어 보게 하고, 무슨 의미인지 직접 설명하도록 연습시키곤 했다. 방폭 등급 표기는 단순한 기술코드가 아니라 "이 기계를 어디까지 믿고 써도 되는지"를 알려주는 언어이기 때문이다.

예를 들어 Ex e IIC T4(IP54)라는 표기가 있다면, Ex는 방폭기기라는 것을 나타내며, e는 안전증 방폭 구조임을 의미한다. IIC는 수소처럼 폭발 위험성이 가장 높은 그룹까지 사용 가능한 가스 그룹 등급이라는 뜻이다. T4는 기기 표면온도가 최대 135도 이하로 제한된다는 의미이며, IP54는 먼지가 어느 정도 유입되더라도 기능에는 문제가 없고, 모든 방향에서 튀는 물로부터 보호된다는 수준의 외함 성능을 나타낸다. 이하나의 코드만 정확히 읽을 수 있어도, 해당 설비를 어느 Zone에, 어떤 공정에 설치할 수 있을지 대략적인 판단이 가능해진다.

위험장소 기준에 맞는 방폭 설비 선택과 법적 책임

나는 위험장소 구분도와 실제 설치된 방폭 설비를 대조해 보는 작업을 여러 차례 수행했다. 그 과정에서 Zone 1로 분류된 장소에 Zone 2 수준 기기를 설치해 둔 사례, 분진 폭발 위험이 있는 구역에 IP 등급이 턱없이 부족한 모터를 사용한 사례를 직접 확인했다. 겉으로 보기에는 아무 일 없이 돌아가고 있지만, 사고가 한 번만 나면 현장을 통째로 잃을 수 있는 상황이었다. Zone 0처럼 가연성 가스가 상시 또는 장시간 존재할 수 있는 장소에는 가장 엄격한 등급의 방폭기기를 설치해야 하며, 보통 EPL Ga와 동급의 본질안전 구조가 요구된다. Zone 1과 Zone 2 는 노출 빈도에 따라 각각 EPL Gb, Gc 등급으로 구분되어 기기 선택 기준이 달라진다. 분진이 문제인 Zone 20, 21, 22 구역에서는 Da, Db, Dc 등급에 해당하는 기기만 허용되며, 외함 역시 IP6X 수준의 완전 밀폐 구조로 분진 유입을 차단해야 한다. 이 기준을 벗어난 방폭기기는 사실상 '방폭'이라는 이름만 달고 있을 뿐, 해당 장소에서는 아무 의미가 없다.

실제 현장에서는 공사비 절감이나 납기 문제로 인증받지 않은 기기나 등급이 낮은 설비를 억지로 들여오려는 시도가 여전히 존재한다. 하지만 산업안전보건 관련 법령과 전기, 위험물 관련 법은 폭발 위험장소에 설치되는 방폭기기의 종류, 구조, 등급, 설치 기준을 명확히 규정하고 있고, 공인 인증을 받지 않은 제품은 설치 자체가 허용되지 않는다. 사고가 발생하면 사업주는 형사책임과 함께 막대한 민형사상 책임을 동시에 지게 된다.

나는 방폭 설비 점검을 할 때 항상 이 기기가 정말 이 Zone에 있어도 되는 이유를 스스로에게 먼저 질문해 본다. 방폭은 기술이 부족해서 지키지 못하는 영역이 아니다. 이미 기준과 사례는 충분하다. 실제 현장에서 그 기준을 얼마나 성실하게 적용하느냐, 그리고 방폭 등급의 언어를 얼마나 정확히 이해하고 있느냐가 안전을 가르는 핵심이라고 생각한다.

『제조안전관리 핵심 Point!』

1. 폭발위험장소는 공정과 물질 특성을 기반으로 먼저 구분하고, 그 결과에 맞춰 방폭기기를 선정해야 한다.
2. 방폭 등급 표기의 의미를 이해하고, Zone과 EPL 기준에 맞지 않는 설비는 어떤 이유에서도 허용하지 말아야 한다.
3. 방폭 설비는 가격이 아니라 인증, 구조, 설치 환경 적합성을 우선 기준으로 검토해야 한다.
4. 방폭 기준 준수는 법적 의무이면서 동시에 현장에서 일하는 모든 사람에 대한 최소한의 예의라는 점을 잊지 말아야 한다.

저온 물질 취급 시 특성과 저장탱크의 역할을 이해하라.

액화질소는 기체 상태의 질소를 -196℃까지 냉각하여 만든 초저온 물질이다. 평소에는 아무 냄새도 없고 특별한 반응도 보이지 않지만, 액화 상태에서는 극도로 낮은 온도와 함께 기화될 때 부피가 기체의 수백 배로 증가하는 특징을 가진다. 이러한 성질 덕분에 생물학적 시료 냉동 보관, 금속 재료의 급냉, 특수 용접 공정 등 산업 전반에서 널리 사용되며, 그 사용량이 많아질수록 저장탱크의 안전성은 핵심 관리 항목이 된다.

저장탱크는 대부분 이중벽 구조를 갖춘 진공 단열 형태로 만들어지며, 외부 열의 유입을 막아 내부 압력이 불필요하게 상승하지 않도록 설계되어 있다. 특히 압력조절밸브와 안전밸브, 압력계는 고압가스에 적용되는 법적 기준을 충족해야 하며, 누설과 압력 이상을 조기에 감지할 수 있도록 구성된다. 외관만 보면 단순해 보이지만, 액화질소는 기화 시 주변의 산소 농도를 빠르게 떨어뜨리기 때문에 밀폐공간에 설치된 탱크에서 사고가 나면 질식으로 이어질 가능성이 매우 높다. 또 금속을 단단하게 얼릴 만큼 온도가 낮아 인체가 직접 접촉하면 심각한 동상과 조직 괴사가 발생하기 때문에 작업자가 다루는 방식 또한 중요하다.

부등침하의 위험성, 절대 간과해서는 안된다.

저장탱크는 설치 장소에 따라 위험도가 크게 달라진다. 가장 기본은 환기가 잘되는 개방 공간을 확보하는 것이며, 실내 설치가 불가피한 경우에는 강제 환기와 산소 농도 감지기를 함께 설치해야 한다.

고정식 저장탱크는 대용량을 다루기 때문에 기초 구조가 더욱 중요하다. 평탄한 지반 위에 세워져야 하고, 지진이나 외부 충격에 대비하여 앵커링과 내진 설계를 병행해야 한다. 나는 과거 공장 점검에서 "탱크는 멀쩡한데 파이프 연결부만 이상하다"는 제보를 받고 확인한 적이 있다. 실제로는 탱크 아래 지반이 서서히 내려앉는 부등침하가 진행되고 있었고, 육안으로는 확인이 어려웠다. 지반의 한쪽만 내려앉아 탱크가 아주 미세하게 기울어지면 배관에 비틀림이 생기고, 내부 기밀성과 압력 안정성이 떨어진다. 이런 변화는 시간이 지나면서 누출, 과압, 안전밸브 오작동으로 이어질 수 있어 전문가들은 6개월 주기의 수평도 측정과 기초 점검을 권장한다. 장마철과 지반 약화가 우려되는 계절에는 점검 주기를 더 짧게 잡는 것도 좋은 방법이다.

여름철 압력 상승과 결빙 관리의 중요성

액화질소의 위험성은 계절에 따라 달라진다. 특히 여름철에는 주변 온도가 높아지면서 기화가 빨라져 내부 압력이 쉽게 상승한다. 이때 안전밸브가 제 기능을 하지 못하면 탱크가 자체 압력을 견디지 못해 파손될 수 있으며, 실제로 여름철 과압 사고는 매년 반복적으로 보고되고 있다.

반대로 탱크 외벽에 발생하는 결빙 현상은 고온다습한 환경에서 더욱 심해지는데, 단순히 겉이 얼어 있는 문제가 아니라 장기적으로 부식과 구조 약화를 유발할 수 있다. 현장에서는 결빙을 제거할 때 망치처럼 강한 충격을 주는 도구를 사용해 얼음을 떼어내는 경우가 있는데, 이는 탱크 외벽이나 배관을 손상시켜 오히려 누출을 초래할 수 있다. 미지근한 물이나 전용 도구를 이용해 천천히 녹이는 방식이 바람직하며, 결빙이 잦아지는 시기는 단열재 손상 여부도 함께 점검해야 한다. 탱크 보관 원칙도 중요하다. 액화질소 저장탱크를 산소, 아세틸렌, 수소 등 다른 위험성 가스 탱크와 함께 보관하면 열·압력 변화에 따른 상호 영향이 발생할 수 있다. 저장탱크는 각 물질의 특성과 위험도를 고려해 분리 보관해야 한다.

정기 점검과 충전 절차의 안전 수칙

저장탱크의 유지관리는 일상점검과 정기검사를 중심으로 이루어진다. 밸브와 압력계는 설정 압력에서 안정적으로 작동하는지 확인하고, 누설을 일으키기 쉬운 배관 연결부는 결빙과 변형 여부를 수시로 확인해야 한다. 산소 농도 감지기 같은 경보장치는 감도 저하가 자주 발생하므로 정해진 주기에 따라 교정해야 한다.

충전 작업에도 몇 가지 필수 원칙이 있다. 먼저, 고압가스를 담는 봄베 탱크에 액화질소를 주입하려는 시도는 절대 금지해야 한다. 구조와 목적이 다르기 때문에 내부 압력과 열교환이 맞지 않아 폭발 사고로 이어질 위험이 크다. 다음으로, 충전은 반드시 환기가 확보된 공간에서 수행해야 한다. 액화질소가 기화하면서 주변 산소를 빠르게 대체하기 때문에 소량 누출만으로도 질식 위험이 발생한다.

충전 전에는 탱크를 소량의 질소로 예비 냉각한 뒤 서서히 충전해야 한다. 상온 상태의 탱크에 갑작스럽게 액화질소를 주입하면 순간적인 기화로 압력이 급격히 상승하고 액체가 튀어 오르는 위험이 있다. 충전량도 전체 용량의 80~90% 이내로 제한하는 것이 원칙이며, 가득 채우는 행위는 안정성을 떨어뜨리는 요인일 뿐이다.

액화질소와 관련된 사고들은 대부분 사소한 부주의에서 시작된다. 눈에 보이지 않는 기화가스와 초저온 특성은 작은 실수도 크게 확대시키기 때문에 작업자는 단순한 취급자가 아니라 설비의 안전을 책임지는 관리자라는 인식을 갖고 작업해야 한다.

『제조안전관리 핵심 Point!』

1. 액화질소 저장탱크는 설치 환경과 지반 상태를 먼저 점검하고, 부등침하는 정기적으로 확인해야 한다.
2. 여름철에는 기화 속도 증가로 인한 압력 상승을 대비하고, 결빙은 충격 없이 제거해야 한다.
3. 충전은 예비 냉각 후 천천히 진행하고, 충전량은 80~90% 이내로 제한해야 한다.
4. 저장탱크 주변에는 산소 농도 감지기와 환기 설비를 갖춰라.

컨베이어 사고, 내가 마주한 현장

산업 현장에서 컨베이어는 마치 멈추지 않는 강물처럼 끊임없이 자재를 실어 나르며 제조 공정을 움직이는 핵심 동력이다. 내가 처음 현장을 맡았을 때도 컨베이어는 생산라인의 중심에 있었다. 그러나 그 안정적인 흐름 뒤편에는 보이지 않는 위험이 도사리고 있었다. 최근 반복되는 끼임 사고는 그 위험이 결코 과장된 것이 아님을 보여준다. 제조업에서 끼임은 사망사고 1순위이며, 특히 벨트 컨베이어는 가장 치명적인 결과로 이어질 가능성이 높다.

10여 년 전 실제로 한 사업장에서 점검을 하던 날, 작업자가 컨베이어 옆에서 묶인 비닐을 정리하다가 장갑 끝이 롤러 틈으로 빨려 들어갈 뻔한 장면을 목격한 적이 있다. 다행히 일이 커지기 전에 멈췄지만, 그 좁은 틈은 생각보다 빠르게 사람을 삼킬 수 있다. 벨트와 롤러 사이의 회전력은 작은 마찰만으로도 신체나 옷자락을 순식간에 잡아당긴다. 이 사건 이후 방호장치 설치 예산을 따로 확보해서 대대적으로 설비 보완을 이행했다. 유지보수 중 예고 없이 기계가 재가동되는 사고 역시 빈번하고, 청소 과정에서 걸린 이물질을 손으로 제거하다가 사고로 이어지는 사례도 끊임없이 등장한다.

벨트 손상, 롤러 파손, 이물질 축적, 스크레이퍼 미조정, 접지 불량, 절연 저하 등은 컨베이어에서 흔히 발견되는 위험 신호다. 특히 Take-up 장치의 장력 이상과 주변의 퇴적물을 방치하면 회전부가 예측 불가한 방향으로 움직이며 위험을 키운다. 나는 현장을 방문할 때마다 점검 체크리스트를 가장 먼저 꺼낸다. 컨베이어는 본래 단순한 설비처럼 보이지만, 돌발 상황에 취약한 '변수 많은 기계'라는 걸 현장 경험은 늘 증명해왔다.

이러한 사고는 결국 관리 부실, 인식 부족, 예방 조치 미흡이 뒤섞여 발생한다. 컨베이어 주변의 정리정돈이 흐트러지거나, 작업자가 위험 구간을 일상으로 받아들이기 시작하면 사고 가능성은 기하급수적으로 증가한다. 교육과 점검, 설비 보완이 조용히 무너지는 순간이 사고의 시작이다. 무엇보다 유지관리 작업을 할 때는 에너지원 차단 체계를 철저히 적용해야 한다. ILS를 통해 전원을 분리하고, LOTO 절차로 기동 스위치를 잠그고 표시해야만 예기치 못한 재가동 사고를 막을 수 있다. 현장은 기술보다 습관으로 움직인다는 사실을 나는 매번 뼈저리게 느꼈다.

비상정지장치 신뢰성 확보는 기본 중의 기본

컨베이어 사고에서 피해를 키우는 주범 중 하나는 비상정지장치의 작동 불량이다. EMS는 기계 동작을 즉시 멈추게 하는 장치이고, EMO는 전기 공급 자체를 차단한다. 대부분의 컨베이어는 긴급 상황에 대응하기 위해 EMS 구조를 채택하고 있다. 그러나 실제 현장을 가보면 EMS가

먼지에 덮여 있거나 케이블이 끊겨 있는 모습이 어렵지 않게 발견된다. 버튼이 눌렸는데도 멈추지 않는 상황은 결코 상상 속 이야기가 아니다.

아주 오래 전의 일이지만, 같은 계열의 한 제조회사에서 작업자가 손가락이 말려 들어간 사고가 발생했었다. 주변 동료가 필사적으로 EMS를 눌렀지만 장치가 고장 나 있어 컨베이어가 멈추지 않았던 사례가 있었다. 그 장면을 전해 듣고 나는 한동안 마음이 무거웠다. 비상정지장치가 정상 작동했다면 사고는 훨씬 가볍게 끝났을 것이다. 이는 장치 자체의 결함이라기보다, 점검과 유지관리가 형식적으로 흘러간 결과였다.

최근 산업안전 규정은 비상정지장치 설치를 명확히 요구하고 있으며, 기능 점검과 관리 책임을 사업주가 지속적으로 이행해야 한다. 법적 기준의 강화는 현장의 경각심을 높이기 위한 최소한의 장치다. 점검 주기를 정해 테스트해야 하고, 배선, 접점, 케이블, 조작부에 대한 세밀한 검사는 필수다. 컨베이어 안전은 기술보다 신뢰성의 문제이며, 그 신뢰성은 꾸준한 점검에서 나온다.

방호장치와 건널다리가 만드는 안전한 공정 흐름

고속으로 움직이는 컨베이어에서 가장 치명적인 위험 요소는 회전부 노출이다. 벨트와 롤러, 체인과 스프로킷, 모터와 풀리가 보호되지 않은 채 그대로 드러나 있으면 사고는 시간의 문제다. 그래서 방호장치는 선택이 아니라 필수다. 안전커버는 이물질 유입을 막고, 작업자의 신체가 위험 구간에 접근하는 것을 원천적으로 차단한다. 실제로 방호장치를 적절히 설치한 이후 끼임 사고가 급격히 줄어든 현장을 여럿 보아왔다. 설비는 복잡해졌지만 안전은 훨씬 견고해졌다.

문제는 설치 후 관리이다. 커버가 부식되거나 고정 볼트가 풀리면 오히려 위험 요소가 된다. 특히 생산성을 이유로 방호장치를 임의로 제거하거나 세척을 위해 분리한 후 다시 설치하지 않는 경우도 많다. 나는 현장 점검 시 커버의 고정 상태와 기계 진동에 의한 변형 여부를 가장 먼저 살핀다. 방호장치는 장식물이 아니며, 작업자 생명을 보호하는 마지막 벽이다.

또 하나 간과되는 부분이 건널다리다. 작업자가 반대편으로 이동해야 할 때 컨베이어를 직접 넘어가는 행동은 여전히 많은 현장에서 발견된다. 어느 날 점검 중 한 신규 작업자가 컨베이어를 그대로 밟고 넘어가는 모습을 보고 깜짝 놀라 즉시 제지한 적도 있다. 건널다리가 없으면 사람은 '편한 길'을 선택하고, 그 선택은 위험으로 이어진다. 건널다리는 이동 동선을 안전하게 설계하고, 난간과 미끄럼 방지 기능을 갖추며, 정기 점검으로 구조적 안정성을 유지해야 한다. 시간이 지나면 볼트가 풀리고 표면이 미끄러워지며, 부식이 진행된다. 이 과정 중 하나만 방치해도 안전성은 빠르게 떨어진다. 건널다리는 단순한 부속물이 아니라 공정 전체의 안전 경로를 만드는 장치다.

작업자 역시 스스로 안전 행동을 지켜야 한다. 방호장치가 있다고 해서 위험이 사라지는 것은 아니며, 중량물 운반 구간에서는 충돌 방지를 위해 스토퍼를 설치하고 적절한 보호구를 착용하는 것이 필수다. 기계의 이상 징후를 발견하면 즉시 보고하고, 임의로 조작하지 않는 기본적인 원칙이 안전 문화를 완성한다.

『제조안전관리 핵심 Point!』

1. 컨베이어 위험구간은 방호, 정지, 차단의 삼중구조로 관리하라.
2. 비상정지장치는 작동 확인이 생명선임을 잊지 말고 주기적으로 점검하라.
3. 건널다리와 작업 동선은 작업자 안전 행동을 전제로 설계하라.
4. 유지보수 시 에너지원 차단 절차를 철저히 적용하라.

집진설비, 눈에 보이지 않는 위험을 관리하는 일의 무게

처음 집진설비 점검을 맡았던 날을 아직도 기억한다. 먼지가 거의 보이지 않는 공정이었는데, 막상 덕트 내부를 내시경으로 비춰 보니 회색 분진이 등고선처럼 층을 이뤄 쌓여 있었다. 공정에서 날아다니는 그 작은 입자들이 결국 이렇게 숨은 위험을 키우고 있었던 셈이다. 집진설비는 먼지를 빨아들이고 필터로 걸러 깨끗한 공기를 내보내는 단순한 장치를 넘어, 작업자의 건강과 공정의 품질, 그리고 시설 전체의 안전을 위협에서 지켜내는 최전선에 있다.

집진기는 흡입덕트, 블로워(팬), 집진 본체와 필터, 제어장치 등으로 구성된다. 분진은 덕트에서 이동해 필터에 포집되고, 역세나 진동 방식으로 떨어져 회수된다. 여과식 집진기처럼 가장 널리 쓰이는 장치는 미세먼지를 높은 효율로 제거하지만, 공정에 따라서는 사이클론이나 전기집진기, 혹은 습식 스크러버처럼 특수한 방식이 필요하다. 특히 점착성이나 폭발성이 강한 분진을 다루는 공정에서는 물이나 액체로 분진을 포집하는 습식 방식이 필수적이다. 최근에는 온도와 습도, 차압, 농도 변화를 실시간으로 분석하며 최적 운전 조건을 자동으로 맞추는 지능형 시스템도 늘고 있다.

　　현장에서 느낀 점은 분진의 종류와 농도, 분포는 그저 '먼지'로 보이지만 사실 공정의 품질과 설비 수명의 흐름을 좌우하는 핵심 지표라는 것이다. 필터 교체 주기, 덕트 구조, 풍량 유지, 방폭 대책 등은 단순 기술 요소가 아니라 현장을 안전하게 유지하는 기본 언어다. 나는 집진기의 둔탁한 소리를 들을 때도, 그 뒤에서 실제로 어떤 위험이 쌓이고 있는지 먼저 떠올린다. 보이지 않기에 더 경계해야 하는 장비가 바로 집진설비다.

설비의 숨결을 맞추는 설치와 시운전 과정

　　집진설비는 설치 방식부터 사고 가능성을 좌우한다. 분진을 빨아들이는 유속은 덕트 길이에 크게 좌우되는데, 덕트가 불필요하게 길거나 굴곡이 많다면 분진은 흐름을 포기하고 그 자리에서 쌓인다. 실제로 한 공장에서 곡관부를 지나던 분진이 퇴적되면서 유속이 낮아졌고, 그 상태로 몇 달 지나자 내부가 거의 막혀버린 사례가 있었다. 단순성능 저하로 보였지만, 몇 도만 올라가도 발화 위험이 있는 금속 분진이었기에 그곳은 사실 폭발의 초입이었다.

　　집진기 본체와 팬은 견고한 기초 위에 수평 상태로 설치해야 한다. 수평이 조금만 틀어져도 팬 축이 비틀리고, 이 미세한 불균형은 시간이 지날수록 큰 진동으로 커진다. 나는 설치 현장에서 항상 레벨기를 들고 다녔고, 설비를 고정한 뒤에도 다시 한번 진동계를 대보는 습관이 생겼다. 그 작은 불균형이 결국 베어링 과열이나 축 파손으로 이어지는 경우를 여러 번 직접 봤기 때문이다.

특히 가연성 분진이 있는 공정이라면 처음부터 방폭 설계를 반영해야 한다. 금속 덕트는 완전한 접지가 되어야 하고, 팬과 전기설비는 방폭형을 사용해야 한다. 스파크 방지 구조와 폭발 방산 패널의 존재는 사고가 난 뒤 '있었어야 했던 장치'가 아니라 초기에 반드시 포함되어야 할 설계 원칙이다.

시운전은 단순히 전원을 넣어보는 과정이 아니다. 실제 공정 조건과 동일한 흐름을 만들고, 댐퍼를 천천히 개방해 흡입이 일정하게 유지되는지, 덕트 어느 부분에서 유속이 떨어지는지, 필터 차압이 비정상적으로 오르지는 않는지 하나하나 확인하는 단계다. 일부 공정에서는 공기보다 분진이 먼저 흐름 변화를 알려주기 때문에 배출구의 미세누출을 관찰하는 것만으로도 사후 사고를 막을 실마리를 찾을 수 있다. 작은 연기처럼 보이는 분진은 때때로 덕트 내부에서 일어나는 위험의 신호였다.

집진설비가 실재 폭발, 화재로 이어지는 이유들

집진기와 관련된 사고는 크게 세 가지로 나눌 수 있다. 첫째는 분진 폭발, 둘째는 팬이나 회전체의 파손, 셋째는 덕트와 필터 시스템의 구조적 문제다. 공통점은 사고가 나기 전 반드시 경고 신호가 있었다는 것이다.

몇 년 전 국내 금속 연마 공장에서 발생한 사고는 잊히지 않는다. 초미세 분진이 덕트 곡관부에 켜켜이 쌓였고, 어느 날 그 분진층에 정전기 방전이 일어나면서 폭발이 발생했다. 그때 덕트 일부는 찢어져 날아갔고, 근처에 있던 작업자 두 명이 화상을 입었다. 조사 당시 내부를 내시경 카메라로 확인했다고 하는데, 덕트 벽면은 마치 겹겹이 쌓인 나이테처럼 분진이 층을 이뤄 있었다. 그 층은 단순한 먼지가 아니라, 언제든 폭발로 확장될 수 있는 연료였다.

또 다른 현장에서는 역세 장치 오류로 필터가 제대로 청소되지 않아 차압이 급격히 상승했고, 팬 모터가 과부하로 과열되는 사고가 있었다. 센서가 고장이었고, 경보 체계도 작동하지 않았다. 설비는 스스로 신호를 보내고 있었지만, 그 신호를 읽어줄 시스템이 없었던 셈이다.

분진 폭발은 대부분 작은 실수와 방치에서 시작된다. 분진 회수통을 제때 비우지 않아 분진이 굳어 막히기도 하고, 덕트 내부 점검이 미뤄져 퇴적층이 쌓이기도 한다. 작업자들이 분진 성상 정보를 충분히 알지 못해, 분진 비산 방지를 위한 보호구를 착용하지 않은 채 회수 작업을 하다가 2차 비산을 일으킨 사례도 많았다.

집진설비의 안정적 운용에서 가장 중요한 요소는 예측 가능성이다. 필터 차압은 단순 숫자가 아니라, 설비가 오늘 어떤 하루를 보냈는지 말해주는 일기장 같은 정보다. 일정 시간대에만 차압이 올라가는 공정이라면, 그 시간의 분진량 변화나 설비 부하를 함께 기록해야 한다. 현장에서 실제로 한 달간 운전 데이터를 수집해 분석했더니, 특정 공정이 가동되는 2시간 동안만 차압이 오르는 패턴이 발견되어 역세 조건을 조정을 통해 문제를 해결했던 적도 있다.

정기 점검은 덕트 내부 청소, 풍량 측정, 필터 하우징 누설 점검, 역세 밸브 상태 확인 등 기본 항목으로 구성된다. 특히 덕트 내부는 눈으로 확인하기 어려워 내시경 검사가 필수적이다. 분진은 바람처럼 가벼워 보이지만, 시간이 지나면 콘크리트처럼 단단하게 굳어 설비를 망가뜨린다. 설비의 내부와 외부를 모두 기록으로 남기고, 공정 변화에 따라 운전 조건을 재점검하는 과정이 반복될 때, 집진설비는 비로소 본래의 목적을 다할 수 있다.

나는 현장에서 늘 느낀다. 집진설비는 조용히 돌아가지만, 결코 단순한 설비가 아니다. 보이지 않는 위험을 다루는 장치이기에, 관리의 성실함이 곧 안전 그 자체가 된다.

『제조안전관리 핵심 Point!』

1. 분진 특성과 공정 조건을 고려한 설계와 설치가 폭발 위험을 가장 먼저 줄인다.
2. 덕트 퇴적, 차압 변화, 팬 진동 등 작은 신호를 놓치지 않는 것이 사고 예방의 핵심이다.
3. 방폭 설비, 정전기 대책, 역세 시스템 관리 등은 하나의 패키지로 운영해야 한다.

[폐가스 소각설비, 고온의 장치가 품고 있는 위험]

처음 RTO 설비에 대해 "어떻게 직원들에게 안전교육을 해야 할까?" 하며 고민을 하던 날, 나는 그 거대한 연소실이 내뿜는 열기 앞에서 잠시 말을 잃었던 기억이 있다. 800℃를 훌쩍 넘나드는 고온은 설비 내부만 뜨거운 것이 아니라, 그 안에서 일어나는 모든 현상이 결코 가벼운 위험이 아님을 조용히 알려주고 있었다. RTO는 산업 현장에서 발생하는 휘발성유기화합물(VOCs)을 고온 연소로 무해한 물질로 전환하는 핵심 환경설비다. 무엇보다 세라믹 축열체가 연소 과정에서 발생한 열을 저장했다가 다시 사용하는 구조 덕분에, 연료는 최소로 쓰고 제거 효율은 95~99%까지 높일 수 있다.

연소실을 중심으로 좌우에 배치된 세라믹 충전층은 열을 저장하고 방출하는 일종의 '열 저장소' 역할을 한다. 초기에는 버너로 세라믹을 가열하지만 일정 시간이 지나면 자체 축열을 통해 스스로 운전할 만큼 효율적이다. 나는 한 공장에서 세라믹의 온도가 완전히 오르자 버너가 자동으로 꺼지며 조용히 유지 운전으로 전환되던 순간을 본 적이 있다. 그 짧은 정적 속에서도 RTO라는 장치가 얼마나 정교하게 설계되어 있는지 실감할 수 있었다.

최근 산업현장에서는 에너지 비용과 환경규제 모두 높아지면서, RTO는 단순 배출저감 장비가 아닌 '지속 가능한 생산의 핵심장치'로 자리 잡았다. 자동화 기술과 결합된 RTO는 온도와 유량, 압력, 농도 등을 실시간으로 감시하며 스스로 최적의 조치를 취한다.

하지만 이런 발전과 별개로, RTO의 구조 자체가 고온을 전제로 하기 때문에 폭발 하한계(LEL) 이상 농도의 가스가 유입되면 언제든 화재나 폭발로 이어질 수 있다. 그 때문에 RTO는 기술보다 '관리'가 더 중요한 설비로 분류된다. 고효율과 저비용이라는 장점은 온도와 농도를 단 한 번만 방치해도 즉시 위험으로 바뀌는 양날의 칼이기 때문이다.

내부 구조의 섬세함이 안전을 결정한다

RTO 구조는 단순해 보이지만 실제로는 모든 부품이 균형을 이루어야만 제대로 기능한다. 중앙의 연소실과 양쪽 세라믹층은 댐퍼 시스템에 의해 끊임없이 유입, 배출 방향을 교차하며 열을 회수한다. 오염가스가 한쪽 세라믹층을 지나며 예열된 뒤 연소실에서 산화되고, 그 가스가 다시 반대쪽 세라믹층을 통과하며 자신의 열을 넘겨주는 방식이다. 이 순환 구조가 무너지면 효율도 떨어지고 사고 위험도 커진다.

나는 한 사업장에서 댐퍼 전환 주기가 미세하게 어긋나 세라믹층이 정상보다 과열되는 현장을 경험한 적이 있다. 설비는 겉으로 보기엔 조용했지만, 내부에서는 열 흐름이 불안정해져 연소실 압력이 오르락내리락하는 신호가 나타났다. 작은 시간차 하나가 고온 설비에서는 충분히 위험의 시작이 될 수 있었다.

설치 단계 역시 사고 예방의 가장 기초가 된다. RTO는 본체와 배관 전체가 고온이라는 환경을 갖기 때문에 주변 설비와의 거리, 환기와 배기 흐름, 단열과 방열 상태가 모두 엄격하게 지켜져야 한다. 나는 설치 현장에서 단열재가 일부 누락된 배관을 본 적 있는데, 그 부분은 시간이 지나면 색이 변색되고, 주변 케이블 피복이 약해져 결국 화재 위험을 초래할 수 있었다. RTO에서 '조금의 빈틈'은 항상 '나중의 큰 사고'가 되었다.

또한 가연성 가스가 이동하는 배관에는 반드시 역화방지장치와 플렉시블 조인트가 필요하다. 공정 조건이 자주 변하는 현장에서는 압력 변화가 반복되기 때문에 이 장치들은 RTO 전체의 안전성을 지탱하는 최소한의 생명줄 역할을 한다. 방열 기능을 갖춘 제어함과 철저한 절연·접지도, 지나친 진동이나 열에 취약한 설비를 지키는 중요한 기반이다. 시운전 단계에서는 특히 온도를 급격하게 올리지 않는 것이 필수다. 세라믹은 열을 저장하는 능력만큼이나 열충격에도 민감하기 때문에 난방하듯 천천히 올려야 한다.

댐퍼의 개폐 상태, 압력 밸브 작동 여부, 누설점 등은 시운전 단계에서 반드시 확인해야 하는 항목이다. 이런 초기 검증을 소홀히 하면 실제 운전에서는 조작 오류나 센서 오작동이 연속으로 발생할 수 있기에,

나는 설치 초기에는 댐퍼 전환 주기를 눈으로 직접 확인하는 습관을 갖고 있다.

폭발사고의 이면과 현장에서 얻은 교훈

RTO 폭발사고는 대부분 '농도 관리 실패'와 '정비 점검 소홀'이라는 두 가지 원인으로 귀결된다. 나는 실제로 농도조절이 제대로 이루어지지 않아 위험한 상황을 목격한 적이 있다. 농도가 설계 기준보다 높아지면 연소실에서 과열이 발생하고, 열균형이 무너지면서 압력 상승이 일어난다. 이 과정이 몇 분만 지속되어도 내열벽돌이나 세라믹층이 파손되며 결국 큰 폭발로 이어질 수 있다.

가동 초기에도 사고가 잦다. 연소실 온도가 충분히 오르지 않았는데 점화 오류가 발생하면, 버너가 연속적으로 점화를 시도하며 내부에 미연소 가스가 쌓이게 된다. 이 상태에서 단 한 번의 점화만 있어도 대형 사고가 된다. RTO를 취급하는 직원들의 안전교육을 위해 국내외 사고사례를 수시로 조사한다. 댐퍼가 개폐 타이밍을 놓쳐 배출 흐름이 순간적으로 막힌 상태에서 점화장치가 작동했고, 미연소 VOC가 연소실에 체류하다 폭발한 사례가 있었다. 외피는 안쪽에서 밀려 나온 형상을 띠며 파손되어 있었고, 내부 세라믹 충전층은 일부가 흩날려 있었다. 사고 당시 농도 감지기는 1년 넘게 교정 기록이 없었다. 작은 절차 하나가 사고의 빠른 진행을 허용한 셈이었다.

안전장치의 정상 작동 여부는 사고를 막는 가장 현실적인 방법이다.

농도가 폭발하한계(LEL)의 25%를 넘으면 자동 정지하도록 설계해야 하고, 온도센서와 압력계, 댐퍼 작동 로직 모두 정기적으로 교정해야 한다. Flame Detector의 감지 성능과 점화 실패 시 가스 밸브 차단 기능이 정확히 작동하는지도 필수 확인사항이다. RTO는 외형이 단단해 보여도 내부는 매우 민감한 균형 위에 놓여 있다. 댐퍼 한 개, 센서 하나의 미세한 오류도 위험의 시작이 될 수 있다는 사실을 나는 현장에서 여러 번 몸으로 배웠다.

운전과 유지관리, 안전을 만드는 가장 일상적인 습관

RTO 운전은 설비의 원리를 이해한 작업자에게만 안전을 허락한다. 특히 퍼지(Purge)는 가연성 가스 축적을 제거하는 필수 과정인데, 어떤 현장에서는 퍼지를 생략한 채 점화를 시도하다가 불완전 연소가 반복되는 사례도 있었다. 퍼지를 누락한 채 점화를 시도하는 것은 장작더미에 점화기를 갖다 대는 것과 다르지 않다.

운전 초기에는 연소실 온도를 서서히 올려야 한다. 세라믹 충전층은 급격한 온도 변화에 취약해 균열이 발생하면 효율도 떨어지고 설비 수명도 단축된다. 운전 중에는 자동제어시스템에서 제공하는 온도, 압력, 농도, 유량 데이터가 모두 설비의 상태를 말해주는 신호이므로, 이 신호들을 정기적으로 기록하고 이상 징후를 조기에 파악할 수 있어야 한다.

댐퍼 역시 정기적 윤활과 작동 테스트가 필수다. 개폐 속도와 작동음만으로도 상태를 파악하는 작업자들이 많은데, 그만큼 댐퍼는 설비 전체의 리듬을 담당하는 핵심 요소다. 유지관리는 세라믹 매체의 청결 유지, 주기적 교체, 배기덕트 내부의 오염 제거 등을 포함하며 이는 설비 효율뿐 아니라 과열 방지에도 직결된다.

결국 RTO의 안전은 기술 이전에 '관리 습관'에서 시작된다. 기록 관리, 정기 점검, 작업자 교육, 공정 변화 파악 등 가장 기본적인 절차들이 쌓여야만 RTO는 고온의 장치가 아닌 고효율의 안전설비가 된다. 현장에서 변화를 가장 먼저 알아채는 사람은 결국 설비와 매일 마주하는 작업자이며, 그들의 습관이 RTO의 위험을 줄이고 신뢰성을 높이는 가장 큰 힘이다.

『제조안전관리 핵심 Point!』

1. RTO는 고온 및 고위험 설비이므로 농도, 온도, 압력의 삼중 균형을 가장 먼저 관리하라.
2. 댐퍼, 센서, 버너 점화장치 등 핵심 제어 부품의 미세한 이상을 놓치지 마라.
3. 퍼지와 방폭 설계 및 농도 감지 등 기본 절차는 생략 없이 실행하라.
4. 기록과 점검 및 교육의 반복이 RTO 안전운전의 유일하고 가장 확실한 길이다.

모든 설비는 노후화가 된다.

　　제조업을 중심으로 각종 설비가 구축된 우리 산업 구조에서는 노후 설비의 위험이 늘 현장의 가장 깊은 골목에서부터 스멀스멀 올라온다. 수명이 한참 지나버린 고압가스설비, 화학물 저장탱크, 특고압 전력설비, 프레스, 크레인과 같은 중후장대 장비들은 매일 같은 소리를 내며 운전되지만 내부에서는 부식과 피로, 균열이 서서히 쌓인다. 이른바 보이지 않는 위험이다.

　　나는 지난 20년간 여러 산업 현장에서 안전점검과 개선 업무를 수행하면서 동일한 장면을 수없이 목격했다. 외관상 새것처럼 보이는 설비가 내부 점검에서 한순간에 위험 설비로 판정되는 모습이었다. 두께가 얇아진 배관, 점점 커지는 미세균열, 작게 들리던 이상음이 결국 사고의 뿌리였다는 사실을 사고 후에야 확인하는 경우도 많았다. 그리고 현장에서 만난 근로자들은 하나같이 이렇게 말했다. "사실 몇 달 전부터 느낌이 이상했는데 괜찮겠지 싶었습니다." 이 말을 들을 때마다, 노후 설비가 왜 계속 운전되고 사고는 왜 반복되는지 그 이유가 선명하게 들려왔다.

장비 교체 비용 부담으로 인해 설비 사용 연한을 무리하게 늘리는 경우, 전문 인력이 부족한 중소 제조업의 현실, 법적으로는 최소 점검 기준만 존재하고 실질적인 상태 기반 진단은 선택에 맡겨진 구조, 감독기관의 한정된 인력과 예산까지. 결국 노후 설비는 눈앞의 비용을 아끼는 대신 장기적 위험을 떠안는 방식으로 방치되어 왔다. 최근 정부는 위험도 기반 검사와 정밀 안전진단 체계를 확대하려 노력하고 있고, 산업현장에서는 설비 이력관리와 상태진단 기술 도입을 요구받고 있지만 현장의 실행 속도는 여전히 더디다. 안전이 비용이 아니라 기업의 생존 조건이라는 인식 전환이 절실한 시점이다.

산업현장에 남은 보이지 않는 균열들

나는 최근 한 언론사를 통해 울산의 화학 제조공장에 대한 설비 노후화 문제 주제로 자문역할을 해준 적이 있다. 언론사는 내가 실제로 칼럼을 기고하는 곳이라 인연이 깊다. 그 화학 제조공장은 20년 이상 사용된 배관망에서 미세 누설이 반복적으로 발생하고 있었는데, 표면은 깨끗해 보였지만 내부 부식이 상당히 진행된 상태였다. 초음파 검사와 내벽 두께 측정을 통해 확인했을 때, 이미 여러 구간에서 허용 기준을 넘어선 부식이 발견되었다. 바쁜 생산일정 때문에 교체를 계속 미루던 상황이었지만, 이 설비를 그대로 운전했다면 불과 몇 달 내 더 큰 누출과 폭발 가능성이 매우 높았다. 이 경험은 노후 설비의 위험이 단순한 기술 문제가 아니라 사람의 생명과 지역사회 전체를 위협하는 구조적 문제임을 다시 한번 깨닫게 했다.

노후 설비가 유발하는 사고는 하나의 패턴을 갖고 있다. 사고 직전 이미 신호가 있었고, 그 신호를 알아차린 사람도 있었다. 문제는 그 신호가 보고되지 않았거나, 보고되었어도 조치까지 이어지지 않았다는 점이다. 현장의 눈과 귀가 살아 움직이지 않으면 수많은 안전 규정과 기술이 있어도 사고는 막을 수 없다. 사업주는 설비의 운전연한과 이미 축적된 피로를 면밀히 검토해 교체 계획을 세워야 하고, 근로자들은 작은 이상 징후라도 즉시 보고할 수 있는 환경이 마련되어야 한다. 또한 최신 기술 기반 진단을 통해 설비의 위험 상태를 빠르게 파악하는 시스템이 필요하다. 센서 기반 누설 감지, 열화상 분석, 부분방전 감시 등은 이미 보편화된 기술인데도, 많은 중소기업에서는 예산과 인력 부족으로 여전히 도입이 늦다.

노후 설비를 바꿀 수 있는 가장 현실적인 방법

노후 설비를 다루는 업무를 하면서 나는 한 가지 확신을 얻게 되었다. 설비의 노후화 문제는 단일 법이나 규정으로 해결할 수 없으며, 현장 중심의 감지와 체계적 관리, 그리고 정책적 지원이 서로 맞물려야만 실제 효과가 나타난다는 것이다.

현장에서는 설비의 상태와 교체 시점을 과학적으로 판단할 수 있는 근거가 반드시 필요하다. 설비 설치일, 운전시간, 정기점검 결과, 이상신호 이력 등을 통합적으로 관리하는 설비 이력관리 체계가 필수다. 이를 기반으로 설비 교체와 유지관리가 분리된 투자 항목으로 인식되어야 한다. 교체를 비용이 아니라 위험비용 절감이라는 관점에서 판단하면 기업은 훨씬 이성적으로 의사결정할 수 있다. 정부 차원의 정책 또한 점차 최신 기술 기반 점검과 정밀진단을 강화하는 방향으로 이동하고 있으며, 중소기업 지원사업을 통해 설비 교체 및 고위험 설비 진단을 지원하는 흐름이 확대되고 있다. 이러한 흐름은 노후 설비 문제를 국가적 과제로 바라보는 관점이 자리 잡아가고 있다는 신호다.

현장에서 근로자들은 노후된 설비를 가장 먼저 마주한다. 배관의 누유 흔적, 이상한 진동, 미세한 소음, 변압기의 열기, 프레스 슬라이드의 제동거리 증가, 크레인의 로프 마모 같은 사소한 변화가 실질적인 위험의 시작이다. 근로자가 즉시 보고하고 관리자와 함께 조치할 수 있는 구조가 갖춰져야 한다. 그리고 설비를 정비하지 않은 채 생산을 우선시하는 관행은 반드시 고쳐져야 한다. 한 번의 정비 지연은 수많은 생명을 위험에 빠뜨릴 수 있다. 계획정지와 예방정비는 선택이 아닌 의무이며 제조기업의 기본적인 운영 원칙으로 자리 잡아야 한다. 결국 노후 설비 사고는 예측 불가능한 재난이 아니라, 이미 일찍부터 경고가 반복된 위험을 무시한 결과라는 사실을 우리는 명확히 인식해야 한다.

노후 설비의 위험을 더는 미래로 미루지 말아야 한다

각 분야의 노후 설비 문제를 살펴보면 위험은 더 명확해진다. 고압 가스설비는 작은 누설이 대형 폭발로 이어질 수 있는 고위험 설비이며, 화학물 저장탱크는 부식과 구조 변형이 토양 오염과 폭발을 동시에 유발한다. 특고압 전력설비는 절연 파괴가 대정전을 일으킬 수 있고, 프레스와 같은 기계 설비는 피로 누적과 제동 불량으로 협착·절단

사고를 유발한다. 크레인은 구조부 파손 시 대형 인명피해로 이어질 가능성이 매우 높다. 이들 모두 시간이 지나면 내부에서 피로와 부식이 진행되지만 변화는 겉으로 드러나지 않는다. 결국 정교한 점검과 주기적 진단, 정비와 교체 의사결정을 결합한 통합적 안전체계가 필요하다.

현장은 이미 위험 신호를 충분히 보내고 있다. 남은 것은 그 신호를 읽어내고, 조용히 쌓이는 위험을 철저히 통제할 수 있는 실천력이다. 산업 현장이 멈추지 않아야 국가 경쟁력이 지켜진다는 점을 생각하면, 노후 설비 관리는 결코 뒤로 미룰 수 없는 문제다. 이는 특정 사업장의 문제가 아니라 국가적 안전과 산업 기반을 지탱하기 위한 필수 전략이다. 노후 설비가 안전하게 관리되는 사회는 단순히 사고가 줄어드는 수준을 넘어, 근로자와 기업, 지역사회 모두가 함께 안전을 공유하는 기반을 만든다. 지금 필요한 것은 더 늦기 전에 구조적 위험을 끊어내는 결단과 실행이다.

『제조안전관리 핵심 **Point!**』

1. 설비 수명과 상태를 근거로 한 교체 전략을 반드시 구축하라.
2. 노후 설비 신호를 현장에서 가장 먼저 감지하고 즉시 보고하는 문화를 정착시켜라.
3. 최신 진단기술을 기반으로 설비 상태를 예측하고 정비하라.

모든 업종들이 이행해야 하는 공통 안전수칙들

모든 업종이 반드시 지켜야 하는 공통 안전수칙의 가치는 산업 구조가 복잡해질수록 더욱 중요해지고 있다. 안전은 특정 분야만의 문제가 아니라 모든 작업 환경에서 최우선으로 확보되어야 할 기본 조건이다. 이를 소홀히 할 경우 생산성 향상이나 효율 추구는 의미를 잃고, 결국 심각한 인명 피해와 큰 경제적 손실로 이어질 수 있다.

첫째, 개인 보호구 착용은 가장 기본적이면서도 즉각적인 안전장치다. 안전모와 안전화, 보호장갑 등은 작은 사고를 큰 재해로 번지지 않도록 막아주는 필수 요소다. 현장에서 자주 나타나는 '잠깐이니까 괜찮다'는 생각은 반드시 버려야 한다.

둘째, 작업 전반에 이뤄지는 위험 요소 점검은 필수 절차다. 장비 상태 확인, 주변 환경 정리, 전기 및 가스 차단 등은 모든 업종이 공통으로 시행해야 할 기본 안전 활동이다. 반복적인 작업일수록 긴장감이 풀리기 쉬운 만큼 정기적인 점검과 교육을 통해 안전 의식을 유지해야 한다.

셋째, 현장의 의사소통 강화는 사고 예방의 핵심이다. 작업자 간의 명확한 정보 공유와 위험 상황의 신속한 보고가 이뤄질 때 안전은 제대로 작동한다. 안전은 개인의 노력만으로 완성되지 않으며, 조직 전체의 협력이 더해져야 효과를 낼 수 있다.

결국 안전수칙 준수는 규정이 아니라 문화이며 일상적인 습관이다. 모든 업종이 안전을 최우선 가치로 인식하고 실천할 때 비로소 사고 예방과 건강한 산업 환경 유지가 가능해진다.

발생할 수 있는 미래의 사고 예측 능력을 길러라.

산업현장에서 사고를 줄이기 위해서는 과거의 실패를 단순히 되짚는 방식으로 교훈을 얻고자 해서는 안 된다. 안전은 이제 인간의 편의나 효율보다 우선해야 하는 절대적 가치이며, 세계적으로도 산업현장의 운영 원칙으로 자리 잡았다. 그럼에도 불구하고 우리 사회는 생활안전, 산업안전, 시설안전, 재난안전 등 전 분야에서 여전히 후진적인 구조를 벗어나지 못하고 있다. 학교에서의 안전교육은 충분하지 않고, 직장과 공공시설에서도 위험요인을 조기에 발견하고 경고하는 체계가 완비되어 있지 않다. 그 결과 OECD 국가 중 산업사고 사망률 최상위라는 쓰라린 오명을 반복해서 떠안아 왔다. 이런 환경에서 안전총괄로 일한다는 것은 단순한 직무가 아니라, 허술한 기반 위에서 미래의 사고를 반드시 차단해야 하는 구조적 도전이다. 매일 새롭게 위험을 예측하고 대응책을 만들어야 한다는 점에서 결코 가볍지 않은 책임이 주어진다.

신입사원 시절, 사고가 발생하면 선배들은 늘 "예고된 사고였다"라고 말했다. 그 말을 들을 때마다 복잡한 감정이 들었다. 예고되었다는 말은 이미 위험요인을 알고 있었고, 충분히 막을 수 있었다는 뜻이기 때문이다. 시간이 지나고 내가 관리자가 되었을 때, 나는 그런 말을 되풀이하지 않기 위해 결심했다. 사고가 '예고되었다'라는 표현이 나오지 않도록 시스템을 바꾸어야 했다. 그래서 현장에 맞는 안전문화 정책을 만들고, 근로자가 스스로 위험을 인식하고 개선안을 제시하는 참여형 구조를 만들기 위해 집중했다. 연령이나 경력에 따라 위험 인식 수준이 다르다는 사실도 고려하면서, 관리감독자들에게 역할과 책임을 명확히 부여했다. 안전은 지시로 만들어지는 것이 아니라, 현장 구성원들이 내면화할 때 비로소 성과가 나타난다.

위험을 예측하는 능력은 안전의 핵심이다

산업안전 분야에서 하인리히 법칙은 결코 이론적 상징에 그치는 개념이 아니다. 하나의 중대재해 뒤에는 29건의 경미한 사고와 300건 이상의 이상징후가 존재한다는 이 법칙은 현장을 관리하는 사람이라면 절대 무시할 수 없는 통찰이다. 나는 이를 단순 참고가 아니라 '현장 운영 원칙'으로 받아들였다. 출근길마다 그날의 작업을 머릿속으로 그려보고, 최악의 상황을 상정하며 어떤 니어미스가 발생할 수 있을지 시뮬레이션했다. 도급사 소장들에게도 "작은 징후라도 발견되면 바로 공유하라"고 강조했고, 실제로 이 조언이 큰 사고를 여러 번 피하게 만들었다.

산업안전이란 결국 경제적 활동 중 사람과 설비에 부정적 결과가 발생하지 않도록 하는 행위다. 위험은 '실패하거나 목숨을 위태롭게 할 만한 상태'라는 사전적 의미처럼, 사회적, 기술적 환경 속에서 끊임없이 발생한다. 안전과 위험은 서로를 통해 존재를 확인하는 관계이며, 위험을 얼마나 빨리 발견하고 어떻게 제거하느냐가 안전 전문가의 역량을 결정한다. 위험요인을 찾아내는 감각은 경험과 훈련에서 나온다. 특히 복합작업이 많은 산업현장에서는 위험요인이 빠르게 누적되며, 이를 제때 인지하지 못하면 중대 사고로 이어질 가능성이 급격히 높아진다.

위험성평가는 단순한 점검이 아니라 조직의 미래를 지키는 시스템이다

프로젝트를 맡으면 그 기간 동안 위험요소 발굴 자체를 '하루의 가장 중요한 업무'로 여겼다. 현장에서 어떤 위험이 숨어 있는지 찾아내지 못하면, 그 사업장은 이미 안전을 잃은 것이나 다름없다. 위험성평가는 이런 관점에서 가장 핵심적인 안전관리 절차다. 위험성평가는 단순히 종이를 작성하는 행위가 아니라, 통합 위험관리의 출발점으로서 현대 산업안전의 주요 정책과 기준이 여기에 기반을 둔다.

제조업이든 건설업이든, 산업 환경이 고드화될수록 위험성평가는 더 필수적인 절차가 된다. 위험성평가를 제대로 수행하면 잠재된 위험을 미리 발견하고 제거하여 사고를 줄이고, 법적 규제를 준수하며, 재정적 손실을 줄일 수 있다. 또한 근로자의 건강과 안전을 보호하여 조직의 효율성을 높이고, 기업의 사회적 평판까지 개선시키는 효과도 함께 나타난다. 결국 위험성평가는 단기적 성과가 아니라 조직의 미래를 지키는 장기적 투자다.

나는 위험요인을 찾고 대책을 마련하는 능력이 안전 전문가의 핵심 역량이라고 믿는다. 이것은 재능이자 기술이며, 동시에 끊임없는 실천이 필요한 영역이다. 산업현장에서 발생할 수 있는 모든 사고를 예측하는 사람, 그 예측을 실제 조치로 연결하는 사람이 결국 사고 없는 현장을 만들어낸다. 미래의 사고를 상상하는 힘이 산업안전의 시작이자 완성이다.

『산업안전관리 핵심 Point!』

1. 과거 사고에서 배우는 것만으로는 부족하며, 미래의 사고를 예측해 차단해야 한다.
2. 작은 징후를 놓치지 않고 위험을 발굴하는 능력이 안전전문가의 핵심 중요한 역량이다.
3. 니어미스를 경시하면 중대재해는 반드시 반복된다.
4. 위험성평가는 모든 산업 현장에서 안전·경제·법적 리스크를 줄이는 가장 효과적인 예방 도구다.

현장 소통이 불통일 때 위험한 결과가 나타난다.

나는 여러 산업 현장을 경험하면서, 초기 단계일수록 소통 체계가 의외로 잘 유지된다는 점을 자주 목격해왔다. 대규모 설비 구축 프로젝트든 제조라인 증설이든, 초반에는 발주사에서 제시한 안전 거버넌스가 빠르게 이행되고 정보 전파도 명확히 이뤄졌다. 보고 방식도 정형화되어 있어 불필요한 혼선이 적었다. 그러나 프로젝트가 중기에 접어들수록 익숙함이 경계심을 잠식하고, 절차가 생략되거나 당연한 것으로 여겨지는 흐름이 반복되곤 했다. 특히 바쁜 공정 시기에는 작업자들과 관리자의 보고 간격이 길어지거나, 위험요인의 공유가 구두로 대체되는 등 소통의 공백이 발생할 여지가 커졌다. 이런 변화는 시간을 두고 관찰하지 않으면 놓치기 쉬운 신호지만, 방치하면 사고 위험과 조직 내부의 피로도를 동시에 키우게 된다. 그래서 나는 이 시점을 가장 세밀하게 들여다봐야 한다고 강조해왔다.

기술이 안전을 담보하는 시대, 그 기술을 신뢰하게 만드는 힘은 소통이다

산업안전기술이 급속히 확산되면서 많은 현장에서 스마트 센서, 위험 감지 시스템, 자동화된 안전장치 등이 도입되고 있다. 기술은 분명

작업자의 생명을 지키는 든든한 기반이지만, 그 기술을 사용하는 집단의 신뢰가 없으면 효과는 크게 떨어진다. 기술은 집단에 의존하고, 집단 역시 기술에 의존한다는 사실을 잊지 말아야 한다. 특히 새로운 기술은 항상 어느 정도의 우려와 불안을 동반하며, 실제로 많은 근로자들이 "정말 이 장비를 믿어도 되는가"라는 질문을 품은 채 일한다. 내가 여러 차례 경험한 바에 따르면, 이러한 불안을 해소하는 가장 현실적인 해법은 결국 소통이다. 기술 매뉴얼을 배포하는 것만으로는 부족하고, 현장에서 체감되는 의문과 우려를 실시간으로 다루는 과정이 필요하다.

그래서 나는 기술 도입 초기에 안전전담 인력, 관리감독자, 작업자 모두가 참여하는 쌍방향 소통 구조를 반드시 추진해왔다. 기술적 설명만 전달하는 방식에서 벗어나, 기술과 집단이 어떻게 서로에게 영향을 미치는지 함께 이해하는 과정이 중요하다. 논쟁에서 누가 옳은지를 가리기 위한 대화가 아니라, 새로운 시스템을 공동의 생태계로 받아들이기 위한 인식과 경험을 공유하는 대화가 필요하다. 이것이 기술을 낯섦에서 신뢰로 바꾸는 핵심 절차라고 생각한다.

산업현장에서 불가피한 감정의 교차, 그 틈을 메우는 것도 결국 소통이다

프로젝트가 진행될수록 소통에 혼선이 생기는 것은 오히려 자연스러운 현상이라고 나는 생각한다. 산업현장은 다양한 역할과 감정이 얽힌 공간이기 때문에 때로는 오해가 쌓이거나 특정 팀 간의 감정선이 형성되기도 한다. 나는 실제로 일정 압박이 심한 시기에는 보고 체계가 단절되거나, 사소한 의견 충돌이 작업 흐름까지 영향을 준 사례를 경험한 적이 있다. 이러한 분위기는 기술적 위험과 심리적 부담을 동시에 늘리기 때문에 반드시 조기에 관리해야 한다.

그래서 나는 팀 간 점조직처럼 흩어져 있는 소통 구조를 다시 연결하고, 심리적 갈등이 생길 여지가 있는 지점을 적극적으로 조정하려고 노력해왔다. 안전기술이 아무리 발달해도 사람 간의 신뢰가 무너지면 현장의 안전문화는 유지될 수 없다. 프로젝트 기간 동안 감정이 부정적으로 쌓이는 순간을 최소화해야 하며, 이를 위해 기술 분야와 심리·소통 분야는 함께 움직여야 한다. 나는 안전한 현장을 만들기 위해 개인과 팀 간의 감정선을 건강하게 유지하는 것이 기술적 안전만큼 중요하다고 늘 강조해왔다.

『산업안전관리 핵심 Point!』

1. 안전체계가 안정되었을 때 소통의 공백을 가장 경계하라.
2. 새로운 기술의 신뢰는 설명이 아니라 쌍방향 소통에서 만들어진다.
3. 산업현장의 감정과 관계 흐름까지 살피는 것이 안전관리의 핵심 요소다.
4. 기술 안전과 심리 안전은 함께 구축해야 지속 가능한 안전문화가 완성된다.

위험성평가를 형식적으로 하지마라.

위험성평가 제도가 자리 잡을 즈음이면 어느 사업장이든 한 번쯤은 '형식화의 유혹'을 겪는다. 나 역시 여러 산업 현장을 관리하면서 이 과정을 똑같이 겪었다. 처음 프로그램을 도입할 때만 해도 모두가 진지했다. 작업반장은 매일 작업 전 위험요인을 꼼꼼히 적어 올렸고, 관리감독자는 매주 평가서를 검토해 나에게 보고했다. 나는 이 중 핵심 사례를 추려 매월 말 안전보건협의체에서 전 근로자 앞에서 공유했다.

그런데 시간이 지나자 분위기가 미묘하게 달라졌다. 처음 몇 달과 달리 위험요인 서술이 짧아지고, 표현이 거의 똑같은 평가서가 여러 팀에서 동시에 올라오기 시작했다. 과거에 작성했던 평가서를 그대로 복사해 쓰는 사례도 눈에 띄게 늘어났다. 겉으로 보기에는 여전히 '위험성평가를 하고 있는 사업장'이었지만, 내용만 들여다보면 더 이상 현장의 변화를 반영하지 못하는, 생명력을 잃은 서류에 가까웠다.

이 지점을 방치하면 사고 예방 효과는 급속도로 떨어진다는 것을 알고 있었기에, 나는 그때부터 '위험성평가의 난이도와 수준을 단계별로 끌어올리는 작업'에 본격적으로 착수했다.

위험성평가 우수사업장으로 여러 차례 인정받은 경험도 큰 도움이 되었다. 비교적 소규모 사업장이었지만, 안전보건공단의 컨설팅을 통해 위험성평가 체계를 처음부터 다시 점검하고, 평가 결과를 실제 개선 활동과 어떻게 연결할지 집중적으로 보완했던 기억이 생생하다. 그 과정에서 나는 한 가지를 분명히 깨달았다. 서류를 열심히 작성하는 것만으로는 인정받지 못한다는 사실이다. 평가서에 기록된 위험요인들이 실제 설비 개선, 작업방법 변경, 보호구 코완, 교육 강화 등 구체적인 조치로 이어져야만 진정한 의미의 '우수사례'가 된다.

이 경험을 토대로 나는 각종 제조공장, 물류센터, 건설·정비 현장 등 다양한 산업현장의 도급사 관리감독자를 모아 다시 위험성평가 교육을 진행했다. 처음 교육을 할 때에는 양식 작성 방법부터 가르쳤다면, 그 이후에는 "이 평가가 현장 사고를 실제로 줄이고 있는가?"라는 질문으로 시작했다. 그 질문에 뚜렷하게 답하지 못하는 순간, 이미 위험성평가는 형식적인 의무로 떨어져 있는 것이다. 나는 교육 때마다 초기에 우리가 얼마나 높은 수준에서 출발했는지, 그리고 시간이 지나며 어떻게 질이 떨어졌는지를 실제 사례와 함께 비교해 보여주며 경각심을 주었다.

위험성평가는 '종이 작업'이 아니라 위험을 줄이는 기술 활동이다

우리가 다루는 '위험성'은 단순한 느낌이 아니라, 사람에게 상해를 입히거나 설비시설에 손상을 줄 수 있는 잠재적인 위험성과 유해성을 뜻한다. 이 위험성이 실제 사고로 이어지지 않도록, 미리 찾아내고 줄이는 전 과정이 바로 위험성평가이다. 나는 현장에서 늘 "위험성평가는 보고용 문서가 아니라 기술 활동"이라고 강조한다. 설비 구조, 작업 공정, 재료 특성, 작업자 숙련도, 관리체계 등 기술적·관리적 요소가 모두 결합되어야 제대로 된 평가가 나오기 때문이다.

위험성평가 기법은 크게 두 가지 흐름으로 나눌 수 있다. 하나는 체크리스트, 안전성 검토, 상대 위험순위 결정, 예비위험분석, 위험과 운전(HAZOP) 분석, 이상영향 분석, 작업자 실수 분석, 사고 예상 질문 분석, 4M 위험성평가처럼 '위험요소가 존재하는지를 체계적으로 확인하는 정성적 평가기법'이다. 다른 하나는 결함수 분석, 사건수 분석, 원인-결과 분석처럼 위험 발생 가능성과 결과를 확률적으로 분석하는 '정량적 평가기법'이다.

나는 여러 사업장에서 두 가지 흐름을 모두 경험해 보면서, 조직의 성숙도와 현장 특성에 따라 적절한 조합이 필요하다는 것을 체감했다. 장기간 가동되는 제조라인에서는 정량적 평가로 설비 고장 확률과 피해 규모를 분석하는 것이 중요했고, 공정 변화가 잦거나 다수의 협력업체가 함께 일하는 프로젝트형 현장에서는 정성적 평가를 빈번하게 반복하는 것이 훨씬 현실적이었다. 핵심은 어떤 기법을 쓰느냐가 아니라, 그 기법을 통해 실제로 '위험이 줄어들었는지'를 꾸준히 확인하는 데 있다.

4M 위험성평가로 현장의 눈높이를 끌어올리다

여러 기법 중에서도 내가 특히 강조해 온 방법이 바로 4M 위험성평가이다. 4M 위험성평가는 산업현장에서 잠재하고 있는 유해·위험요인을 Machine(기계적), Media(물질과 환경), Man(인적), Management(관리적) 네 가지 분야로 나누어 위험성을 파악하고, 각 분야별로 구체적인 제거, 저감 대책을 제시하는 방식이다.

예를 들면, 프레스나 컨베이어 같은 설비, 차량계 장비, 자동화 로봇은 Machine 요소에 해당한다. 여기서는 방호장치, 인터록, 비상정지 스위치, 정비 절차 등이 핵심 점검 대상이 된다. 유해화학물질, 분진, 소음, 밀폐 공간 등과 같은 작업환경은 Media 요소에 속한다. 이 부분에서는 환기, 차단, 물질 대체, 국소배기 설비, 작업공간 구조 개선 등의 대책이 자연스럽게 논의된다. 근로자의 숙련도, 피로도, 작업자 교대, 교육 이력, 의사소통 상태 등은 Man 요소에 해당하며, Management 요소에서는 작업표준서, 작업허가제, 도급관리, 안전회의 운영, 점검체계, 경영진의 참여 수준까지 포함해 살펴보게 된다.

나는 이 4M 틀을 현장에 적용할 때, 단순히 용어를 설명하는 데 그치지 않고 실제 작업 장면을 함께 걸으며 하나씩 대입해 보도록 했다. 예를 들어 "지금 이 공정에서 Machine 쪽 위험은 무엇인가?", "Media 측면에서 놓치고 있는 환경 요인은 없는가?", "Man 요소에서 작업자의 피로와 교대시간은 적정한가?", "Management 차원에서 이 작업을 통제하는 절차가 제대로 존재하는가?"를 함께 질문했다.

이렇게 4M을 반복해서 적용하다 보면, 평가에 참여하는 사람들의 시야가 자연스럽게 넓어지고, 위험요소를 찾는 눈이 한 단계씩 성장하는 것을 직접 느낄 수 있다.

다양한 신분과 여러 협력업체가 동시에 근무하는 복합 사업장에서는 특히 Management 요소의 중요성이 부각된다. 현장마다 언어도 다르고, 작업문화도 다르기 때문에 관리체계를 정교하게 설계하지 않으면 위험성평가는 금세 '누군가 대신 써 주는 서류'로 전락하기 쉽다. 나는 이런 현장일수록 4M 평가 회의에 원청, 협력사, 안전관리자, 작업자 대표를 모두 참여시키고, 각자가 보는 위험요소를 4M 관점에서 정리해 보게 했다. 그 과정에서 "우리는 이 정도면 안전하다"고 생각했던 부분이 다른 시각에서는 심각한 위험으로 보인다는 사실이 드러나면서, 자연스럽게 협력과 소통이 강화되는 효과를 맛볼 수 있었다.

단계별 난이도 조정과 지속 가능한 위험성평가 운영

4M 위험성평가를 실효성 있게 운영하기 위해 내가 가장 중시한 것은 '난이도를 단계별로 높이는 것'이었다. 처음부터 복잡한 분석을 요구하면 현장은 쉽게 지치고, 결국 다시 형식적 평가로 돌아가 버린다. 그래서 나는 첫 단계에서는 체크리스트 수준의 간단한 정성적 평가부터 시작했다. 작업자들이 스스로 "위험이 있는지 없는지"를 말로 설명할 수 있게 만드는 것이 목표였다.

어느 정도 익숙해진 두 번째 단계에서는 발생 가능성과 피해 정도를 간단한 등급으로 나누어 위험도를 계산해 보게 했다. 이 과정에서 '

우리가 매일 하는 작업이 실제로는 높은 위험도에 속한다'는 사실을 깨닫는 근로자가 많았다. 세 번째 단계부터는 설비·공정 특성에 맞는 심화 기법을 일부 도입해, 사고 시나리오를 구체적으로 상상하고, 그에 따른 대책을 구체화하는 쪽으로 난이도를 올렸다.

실제 현장에서는 이 단계별 난이도 조정이 매우 효과적이었다. 예전에는 하루 만에 끝나던 위험성평가가, 나중에는 자연스럽게 여러 차례 회의와 현장 점검을 거쳐 완성되는 구조로 바뀌었다. 단위 공정 하나를 평가하면서도 사진을 찍어 두고, 개선 전·후 상태를 비교하며 재평가하는 문화가 자리 잡기 시작했다. 나는 이러한 변화를 보며 "이제야 위험성평가가 종이가 아니라, 살아있는 안전기술로 기능하기 시작했다"고 느꼈다.

평가 이후 절차도 중요하다. 나는 위험성평가 결과가 나오면 반드시 우선순위를 매기고, 제거, 대체, 공학적 방호, 관리적 통제,보호구 사용 등으로 이어지는 개선계획을 함께 작성하게 했다. 그리고 한 번 정리한 평가서를 그대로 두지 않고, 공정 변경, 설비 교체, 협력업체 변경 등 사업장 여건이 바뀔 때마다 반드시 다시 들춰 보도록 했다. 이 과정을 통해 위험성평가는 단발성 행사가 아니라, 산업안전관리의 기본 언어로 자리 잡을 수 있었다.

마지막으로 나는 현장의 관리자와 근로자에게 늘 이렇게 당부한다. "위험성평가의 목적은 점수를 잘 받는 것이 아니라, 현장에서 실제 사고가 줄어드는 것을 확인하는 데 있다." 난이도를 단계별로 높인 위험성평가는 그 자체가 교육이고, 소통이며, 기술을 안전하게 사용하는 문화로 이어지는 가장 강력한 도구다.

『산업안전관리 핵심 Point!』

1. 위험성평가는 서류 작업이 아니라, 실제 위험을 줄이는 기술 활동으로 운영하라.
2. 4M 관점을 활용해 기계·환경·사람·관리 요소를 균형 있게 점검하라.
3. 현장 수준에 맞게 난이도를 단계별로 높이며, 형식적인 평가로 떨어지지 않게 관리하라.
4. 평가 결과를 구체적인 개선조치와 재평가로 연결해 '살아 있는 위험성평가' 체계를 유지하라.

위험물질 관리 수준은 사업장의 안전문화를 판단하는 가장 기본적이면서도 중요한 요소다. 나는 여러 산업현장을 돌아다니며 동일한 패턴을 반복적으로 목격했다. 규정은 잘 만들어져 있지만, 시간이 지나면 자연스럽게 최소 보관 원칙이 흐려지고 어느 순간 작업장 한편에 위험물질이 임시 적재되는 모습을 발견하게 된다. 하지만 위험물질만큼은 '조금쯤 괜찮겠지'라는 생각이 가장 위험하다. 지정된 장소에 필요한 양만 보관한다는 원칙은 단순한 규율이 아니라 사고 가능성을 결정짓는 핵심 기준이며, 실제 현장에서는 이를 충실히 지키는 순간 안전 수준이 눈에 띄게 달라진다.

작업 현장 내부에는 그날 필요한 양만 두고 나머지는 반드시 별도의 저장소에 보관해야 한다. 위험물질은 그 특성상 작은 누출이나 혼합, 부식만으로도 화재나 폭발처럼 예측하기 어려운 결과를 만들어낼 수 있기 때문에 보관량이 많아질수록 사고의 규모도 함께 커진다.

나는 과거 한 제조업 현장에서 불필요하게 많은 용제가 작업장 내에 적재된 상태에서 누출이 발생해 주변 공정까지 영향을 준 경험이 있다.

그때 기억은 지금도 선명하다. 필요한 양만 보관했다면 그 범위에서 사고를 통제할 수 있었겠지만, 과도한 보관은 누출 순간 위험이 순식간에 확대되는 원인이 되었다.

필요 이상의 보관은 관리 난도와 사고 가능성을 동시에 키운다

과도한 양의 위험물질을 보관하는 순간 관리의 어려움은 급격히 커진다. 용기 수가 많아지면 누출 여부를 확인하는 데 시간이 훨씬 더 오래 걸리고, 서로 다른 물질이 인접해 있을 경우 화학적 반응 가능성까지 고려해야 한다. 작업자가 동선이 좁아진 공간을 오가다 예상치 못한 노출을 겪는 경우도 실제로 드물지 않다.

나는 정기 점검 중 작업대 아래에 원래 보관구역을 벗어난 소형 용기가 여러 개 쌓여 있는 장면을 발견한 적이 있는데, 관리자는 '잠시 두었다'라고 설명했지만 사실상 이런 임시 보관이 사고의 출발점이었다.

필요한 양만 보관하면 점검의 정확도가 높아지고 보관 환경을 세밀하게 유지할 수 있다. 누출이나 변질도 빠르게 감지할 수 있어 조치를 즉시 취할 수 있으며, 작업자 노출 가능성도 자연스럽게 감소한다. 만일 화재나 폭발 같은 사고가 발생하더라도 보관량이 적을수록 피해 범위가 좁아지고 복구 기간도 짧아진다. 나는 위험물 보관량을 획기적으로 줄인 이후 현장의 전반적인 긴장감과 집중력이 크게 향상되는 사례를 여러 차례 경험했다.

관리가 용이해지면 작업자들도 위험물 관리를 훨씬 더 주도적으로 수행하게 되며, 이는 결국 산업안전 수준 전체를 끌어올리는 기반이 된다.

보관량 준수는 법적 요구이자 비용, 효율성을 좌우하는 기준이다

우리나라뿐 아니라 대부분의 국가에서는 위험물 보관량에 대한 법적 기준을 명확히 두고 있다. 지정 장소 외에 임의로 보관하거나 작업장 내부에 과도한 양을 배치하는 행위는 단속 대상이며, 그 결과는 벌금에서 작업 중지 조치까지 이어질 수 있다. 나는 실제 한 사업장에서 작업 편의 때문에 위험물을 임의로 쌓아두었다가 적발되어 전체 공정이 멈추는 상황을 겪은 적이 있다. 그때의 파장은 단순 행정 처분을 넘어 생산 차질, 비용 손실, 고객사 신뢰 저하로까지 이어졌고, 이후 그 현장은 위험물 관리 체계를 전면적으로 재정비하게 되었다.

필요량만 보관하는 원칙은 비용 측면에서도 매우 효과적이다. 과도한 양을 보관하려면 별도의 저장 설비가 필요하고, 온도 관리, 환기, 방폭 설비 등 안전장치를 확대해야 한다. 이는 모두 추가 비용이다. 또한 보관량이 늘어나면 작업 공간이 좁아져 작업자 동선이 복잡해지고, 이는 생산성과 효율성을 떨어뜨리는 요인이 된다. 반대로 보관량을 줄이면 관리비용이 감소하고, 보관 상태를 더 자주 확인할 수 있어 위험요인 발견율이 올라간다. 나 역시 여러 현장에서 최소 보관 정책을 도입해 본 결과, 공간이 여유로워지면서 작업 흐름이 훨씬 정돈되고 작업자들이 위험물 보관 원칙을 자연스럽게 준수하는 긍정적 변화가 나타났다.

　　결국 위험물은 필요 이상의 여유분을 가지려는 태도보다, 최소 보관을 통해 안전성과 효율성을 동시에 확보하는 방향이 훨씬 현장에 이롭다. 안전을 위한 선택이 사실은 비용 절감과 생산성 향상이라는 결과로 이어지는 셈이다.

『산업안전관리 핵심 **Point!**』

1. 위험물질은 지정된 장소에 최소 필요량만 보관해 사고 규모를 제한하라.
2. 보관량이 많아질수록 관리 난도와 노출 위험은 함께 증가한다는 점을 항상 기억하라.
3. 법적 기준을 준수하고 보관체계 점검을 주기적으로 반복해 현장의 안전성을 확보하라.
4. 최소 보관은 안전은 물론 비용 절감과 작업 효율성 향상까지 동시에 가져오는 전략이다.

산업현장을 지도점검하다 보면 안전보호구가 현장에서 얼마나 중요한데도 관리가 제대로 이루어지지 않는 모습을 자주 보게 된다. 나는 안전보건협의체 위원들과 주기적으로 현장을 돌며 근로자들의 보호구 착용 상태와 재고, 보관 상태를 꼼꼼히 확인해 왔다. 그 과정에서 보호구가 부족한 상태로 작업이 이루어지거나, 부족한 수량을 당일 급하게 발주하는 경우, 또는 용도에 맞지 않게 보호구가 잘못 사용되는 상황을 여러 번 마주했다. 가장 대표적인 문제가 그라인더 작업 시 절연장갑을 착용하는 경우였는데, 이는 보호구에 대한 이해 부족에서 비롯된 명백한 위험요인이었다. 보호구는 생명을 지키는 기본 장치임에도 불구하고 근로자 의식 부족, 관리 기준 부재, 공급 불안정 등 복합적인 이유로 관리가 느슨해지는 경우가 많다. 이러한 현상은 보호구 관리가 단순한 행정 절차가 아니라 사고 예방의 출발선이라는 사실을 잊어서는 안 된다는 점을 다시 확인하게 만든다.

안전보호구 점검은 생명과 직결된 일상적 절차다

보호구 점검이 부수적인 업무로 여겨지는 경향은 현장에서 상당히 뿌리 깊다. 작업 일정에 쫓기기 시작하면 보호구 확인 절차가 생략되기 쉽고, 어제 멀쩡했으니 오늘도 괜찮겠지 하는 단순한 생각이 자리 잡는다. 그러나 사고는 바로 이런 틈을 타서 발생한다. 나는 각 도급사의 관리감독자를 대상으로 보호구 지급대장에 일일 점검 항목을 포함하도록 제도를 바꾸었고, 관리자가 매일 아침 작업 시작 전에 기본 점검을 실시하도록 생활화했다. 특히 고소작업이 많은 사업장에서는 안전대의 노후화나 손상을 놓치는 순간 추락 사고로 이어질 수 있어 반복적으로 강조했다.

점검을 소홀히 하거나 상태 불량 보호구를 계속 사용하는 경우에는 작업을 중지시키고 별도의 안전교육을 이수하도록 하여 경각심을 높였다. 보호구가 충분히 갖춰져 있지 않거나, 수급이 원활하지 않아 실제로 교체가 어려운 상황도 종종 있었다. 이런 문제를 줄이기 위해 보호구 종류별 재고 기준을 정하고, 상황에 따라 탄력적으로 집행할 수 있는 관리체계를 마련했다. 이는 단순한 재고관리 수준을 넘어, 보호구 점검의 현실적 장애물을 제거해 근로자들이 보호구를 제때 교체하고 안전하게 사용할 수 있도록 하는 기반이 되었다.

책임 있는 점검 체계가 안전문화를 만들어낸다

보호구 점검이 체계적으로 이루어지기 위해서는 책임 주체가 명확해야 한다. 관리감독자가 누구이고, 어떤 항목을 점검해야 하며, 점검 결과 발생한 문제에 대한 책임은 누구에게 있는지 분명해야 한다. 나는 모든 도급사의 소장과 관리감독자에게 보호구 점검 책임을 부여했고, 점검이 누락되거나 부적합 보호구 사용이 반복되는 경우에는 관리책임까지 함께 검토하도록 했다.

　보호구 점검 항목은 단순히 보호구의 청결이나 수량을 확인하는 수준을 넘어서야 한다. 보호구가 적정 장소에 비치되어 있는지, 사용기준이 명확히 안내되어 있는지, 교환 주기가 적절히 관리되고 있는지, 관리 대장은 최신 상태로 유지되는지까지 살펴야 한다. 나는 작업 전 교육 시간에 근로자들과 함께 보호구 점검의 이유를 설명했고, 보호구가 왜 개인의 생명 보호를 위한 최후의 방어선인지 반복적으로 상기시켰다. 어느 현장에서는 소모품 보호구를 무심코 공유해 사용하다 감염 위험이 제기된 적이 있었는데, 이후 담당 안전관리자가 작업 전마다 보호구를 직접 소독하고 배부하는 모습을 보고 감성안전이 실천되는 대표 사례로 칭찬한 기억도 있다. 그 과정은 단순히 위생 관리를 넘어서, 근로자들이 보호받고 있다는 정서적 안정감까지 만들어 내는 결과를 가져왔다.

　근로자가 착용해야 하는 보호구는 작업환경에 따라 달라진다. 낙하 위험이 있는 환경에서는 안전모가 필수이며, 감전 위험이 있는 장소에서는 절연장갑을 착용해야 한다. 작업자가 추락할 수 있는 구간에서는 반드시 안전대를 사용해야 하고, 절단물이나 비산물이 튈 위험이 있는 경우에는 보안경과 보안면을 착용해야 한다. 작업 특성과 보호구의 기능은 항상 함께 고려되어야 하며, 불필요한 보호구 착용 대신 작업환경 자체를 개선하여 유해위험요인을 줄이는 노력 역시 병행되어야 한다.

나는 한 공사현장에서 바닥에 철근이 곳곳에서 튀어나와 근로자가 넘어질 위험이 큰 상황을 발견한 적이 있다. 그 현장은 단순히 안전화를 착용하라는 지시만으로는 사고를 예방할 수 없었기에 반나절을 들여 바닥을 전체적으로 정리하고 철근을 완전히 제거했다. 그 작업 이후 근로자들의 이동 동선이 안전해졌고, 보호구 착용뿐 아니라 작업환경 개선을 통해 유해요인을 줄이는 접근이 얼마나 중요한지 현장에서 모두가 체감하게 되었다.

『산업안전관리 핵심 Point!』

1. 안전보호구 점검은 작업 시작 전 매일 확인해야 하는 기본 안전 절차다.
2. 보호구는 생명을 지키는 최후의 장치이므로 용도에 맞는 올바른 제품을 착용해야 한다.
3. 점검 책임을 명확히 하고 재고와 교체 주기를 체계적으로 관리해 보호구 공백을 없애라.
4. 보호구 착용뿐 아니라 작업환경 개선까지 병행할 때 현장의 사고 가능성이 실질적으로 줄어든다.

나는 다양한 산업현장에서 안전을 관리하며 한 가지 공통된 흐름을 여러 차례 확인했다. 신규 작업자는 처음 접하는 환경에 긴장해 안전규칙을 비교적 잘 지키지만, 현장과 장비가 익숙해진 숙련자는 집중력이 서서히 떨어지고 "나는 이미 충분히 알고 있다"는 태도가 강해진다. 프로젝트 기간이라면 말기 시점에 가까워질수록 이러한 경향이 더 뚜렷해진다. 산업안전보건법에서 정기적인 안전보건교육을 의무화하고 있음에도, 의욕과 경계심은 시간이 지나면 약해지기 쉽다. 위험에 직접 노출된 경험이 없을수록 "나에게는 사고가 생기지 않는다"는 심리가 자리 잡으며, 실제 현장에서도 이러한 흐름이 사고의 단초가 되는 경우를 여러 차례 목격했다.

산업현장은 장기 재직자보다 단기 인력이 많은 구조가 흔하다. 이런 환경에서는 서로 친밀한 구성으로 뭉치기 어려워 안전활동 참여 의욕도 약해지기 마련이다. 문제는 근로자의 의욕 저하가 개인의 태도에만 머무르지 않는다는 점이다. 안전수칙 위반이 반복되고도 사고로 이어지지 않으면 "해도 되고 안 하도 된다"는 잘못된 확신이 형성된다. 말기 단계에 이르면 관리감독자 역시 관계 악화를 우려해

지적을 주저하는 일이 발생한다. 이런 분위기 속에서는 아무리 체계적인 안전계획을 세워도 실행력이 떨어진다. 나는 여러 현장에서 이러한 패턴이 반복되는 것을 직접 경험했고, 그때마다 의욕이 떨어지는 순간이 바로 사고가 시작하는 시점임을 다시 실감했다.

참여 기반의 안전문화가 의욕을 되살린다

나는 근로자의 태도를 바꾸는 가장 효과적인 방법이 일방향 지시가 아닌 참여라는 것을 수없이 확인해 왔다. 교육을 듣기만 하는 사람에게서는 변화가 거의 없지만, 자신이 직접 경험한 위험을 말하게 하면 의식이 달라진다. 그래서 나는 매일 작업 시작 전, 소규모 단위로 모여 최근 위험징후나 개선점을 직접 공유하도록 했다. 이 과정에서 작업자들은 서로의 경험을 들으며 자신이 놓쳤던 위험을 자각하게 되고, "혹시 나도?"라는 경계심을 회복한다.

산업안전보건법에서도 위험성평가를 작업자 참여 방식으로 운영 하도록 규정하고 있는데, 이는 참여가 사고 예방에 가장 효과적이라는 경험적 근거에 기반한다. 나 역시 현장에서 참여도를 끌어올렸을 때 안전불감이 크게 줄어드는 것을 분명하게 확인했다. 참여는 지시보다 강력하고, 스스로 말한 원칙은 스스로 더 잘 지킨다.

근로자의 의욕 저하를 심화시키는 가장 큰 요인은 피로 누적이다. 말기 단계에서는 업무 강도가 높아지고 처리할 잔여 작업도 많아 집중력이 크게 떨어진다. 나는 현장에서 피로로 인해 발생하는 사고를 여러 번 보았다. 예전에 한 작업자가 인근 설비 계단을 내려오다 발을 헛딛는 사고가 있었는데, 단순 실수로 볼 수도 있었지만 조사해보니 이틀 연속 연장근로를 하면서 판단력이 크게 떨어져 있던 상황이었다. 이런 사례를 겪은 후 나는 야간작업 및 추가근로 관리를 세분화했고, 작업자의 컨디션을 아침마다 확인하는 체계를 만들었다. 실제로 야간근로가 뚜렷하게 줄었고, 말기 사고 역시 크게 감소했다. 산업안전 체계가 작업자의 피로도를 위험요소로 분류하는 이유가 바로 여기에 있다.

컨디션 관리와 끝까지 흔들리지 않는 리더십

사람의 컨디션은 하루에도 여러 번 변한다. 말기 단계에 접어들면 대부분의 근로자가 지쳐 보인다. 이 지침은 의욕 저하, 판단 능력 약화, 수면 부족 등 다양한 형태로 나타나며 결국 재해로 이어진다. 나는 매일 아침 관리감독자로부터 작업자들의 컨디션을 간단히라도 확인 받았다. 피로가 있는 작업자에게는 무리한 업무를 배정하지 않도록 조정했고, 필요할 경우 즉시 휴식이나 의료 조치가 이루어지도록 했다.

이런 조치는 단순한 복지가 아니라 법과 기술 트렌드에도 맞는 핵심 안전관리다. 최신 위험성평가 절차에서는 작업자의 능력, 심리 상태, 피로도 등을 포함한 '인적 요인 평가'를 강조한다. 단순히 장비와 공정만 점검하는 시대는 이미 끝났다. 작업자의 상태는 설비만큼 중요한 위험요소이며, 관리감독자는 이를 끝까지 관리해야 한다.

말기 단계에 지적을 주저하면 그 순간이 사고로 이어지는 시작점이 되기 쉽다. 안전관리자는 관계를 깨는 사람이 아니라 생명을 지키는 기준점을 세우는 사람이다. 근로자의 의욕과 컨디션을 관리하는 일은 산업안전에서 가장 기본이면서도 가장 효과적인 사고예방 전략이다.

『산업안전관리 핵심 Point!』

1. 적응 단계일수록 숙련자의 방심이 커지므로 참여 기반 안전활동을 강화하라.
2. 피로 누적은 판단력 저하로 이어지므로 근로자의 컨디션을 매일 점검하라.
3. 관리감독자의 지적은 관계가 아니라 생명을 지키기 위한 최후의 안전장치다.
4. 의욕과 컨디션 관리는 산업안전에서 가장 효과적인 예방 전략임을 잊지 말라.

산업현장에서 발생하는 사고를 분석하 보면 휴먼에러라는 단어를 빼놓고 설명하기 어렵다. 사고 보고서마다 반복적으로 등장한다는 것은 단순한 우연이 아니라 대부분의 사고가 결국 인간의 실수에서 출발한다는 의미다. 나 역시 여러 사업장을 관리하면서 외부의 거대 위험보다 작은 실수 하나가 사고의 실마리가 되는 장면을 자주 보았다.

특히 공정이 복잡한 설비 공사나 제조라인 개조 작업에서는 작은 실수라도 금방 위험요인이 되어버린다. 예전에 한 현장에서 스카이 장비를 이용해 파이프 용접 작업을 하던 중 손바닥 크기 정도의 페인트통에 불티가 튀어 화재가 발생한 적이 있었다. 현장에서는 "작은 불티니까 금방 꺼졌다"고 말했지만, 나는 결코 가볍게 넘기지 않았다. 용접교육에서 반복적으로 인화성 물질 제거를 강조했는데도 현장에서 지켜지지 않은 이유를 관리소장에게 자세히 기록하게 했다. 이 작은 화재는 휴먼에러가 사고의 핵심 계기가 될 수 있음을 보여주는 전형적인 사례였다.

하루 평균 백 명 이상의 근로자가 투입되는 사업장이라면 작은 부주의가 한 번도 나오지 않는 것은 거의 불가능하다. 하지만 부주의가 당연한 것으로 여겨지는 순간, 위험은 점점 커지기 시작한다. 안전을

담당하는 역할을 맡고 있는 사람이라면 그 사실을 절대 가볍게 보아서는
안 된다.

사람의 실수라는 현상을 시스템의 문제까지 확장해 바라봐야 한다
휴먼에러는 단순한 실수라고 말하기 쉽지만 그 본질은 훨씬 깊다.
사람에게 부여된 임무를 시스템이 요구하는 대로 수행하지 못한 상태,
즉 조직과 기계와 사람이 하나의 체계로 연결되어 있는 상황에서 그
흐름이 어긋난 것을 의미한다. 인간공학에서는 휴먼에러를 인간의 성향
탓으로만 보지 않는다. 인간과 시스템 사이의 상호작용이 원활하지 않을
때 필연적으로 나타나는 결과라고 본다.

그렇기 때문에 휴먼에러를 방지하려면 개인의 집중력이나 주의력
개선만으로 해결하려고 해서는 안 된다. 시스템의 설계 방식과 절차의
복잡성, 작업시간과 휴식의 균형, 배치 인원의 적정성, 작업방법의
표준화 수준, 교육 내용과 전달 방식, 조직 간 소통 방식까지 모두 점검
해야 한다. 나 또한 현장에서 실제 작업 순서를 관찰하면서 "작업자는
왜 이 절차를 건너뛰는가"라는 질문을 스스로에게 던져 왔다. 그 답의
상당수는 개인의 태도 문제가 아니라 절차의 불합리함이나 장비 배치가
비효율적이기 때문에 무의식적으로 우회하는 패턴이 반복된다는 점에서
찾을 수 있었다.

현대의 산업환경은 자동화가 확대되면서 작업자의 조작 하나가
즉시 큰 에너지 변화를 일으키는 구조로 바뀌었다. 사람의 사소한 판단

착오는 곧바로 설비 오작동이나 대형 사고로 이어질 수 있고, 이런 위험을 줄이기 위해 휴먼에러의 원인을 과학적으로 분석하고 시스템을 정비하는 일이 필수적이다. 실수는 인간적일 수 있지만, 그 실수가 사고로 이어지는 것은 관리자가 놓아선 안 될 영역이다.

휴먼에러를 줄이기 위한 체계적 접근과 실시간 모니터링의 힘

휴먼에러는 모든 사고의 출발점이 될 수 있다는 사실을 현장 전체가 이해하도록 만드는 것이 중요하다. 나는 제조현장을 맡을 때는 관리감독자들과, 건설현장에서는 원청과 도급사의 관리자들이 참여하는 안전보건협의체에서 매달 휴먼에러 사례와 방지대책을 논의하도록 운영했다. 처음에는 단순히 휴먼에러를 나열하는 수준이었지만 시간이 흐르면서 직영 관리감독자나, 각 도급사가 제출하는 위험성평가 항목에 휴먼에러 관련 항목을 별도로 추가하도록 했다. 실무자가 먼저 방지책을 제시하면 나를 포함한 여러 관리자들이 실제 현장에 적용할 수 있을지 검토하고, 필요하면 현장 여건에 맞게 다시 보완했다.

휴먼에러 방지책의 핵심은 복잡한 기술이 아니다. 우선 작업장 환경을 정돈하고 불필요한 물품을 치우는 일부터 시작된다. 정리정돈이 잘 되면 작업자는 판단해야 할 변수가 줄어들어 실수 발생 가능성이 낮아진다. 다음으로 작업절차를 표준화하고 공구 사용 방법을 통일하는 작업이 필요하다. 절차가 단순해질수록 실수는 줄어든다. 또한 교육훈련은 단순한 전달식 교육을 넘어서 근로자 개개인의 특성을 반영하고 실제 발생했던 휴먼에러 사례를 공유하는 방식으로 구성해야 한다.

나는 현장에서 눈으로 확인할 수 있는 관리체계를 중요하게 여겼다. 작업 흐름을 단순히 말로 전달하는 것이 아니라 작업장 곳곳에 위험요인과 작업표준을 시각적으로 표현하거나, 조작 실수로 인해 위험이 커지는 것을 막기 위한 안전장치를 설치하는 방법도 활용했다. 예를 들어 잘못된 순서로 조작하면 기계가 작동하지 않도록 하는 장치는 휴먼에러를 구조적으로 차단하는 대표적인 방식이다. 이런 장치는 개인의 실수 가능성을 줄여주고 사람이 피로하더라도 시스템이 스스로 위험을 막아주는 효과를 만들어낸다.

『산업안전관리 핵심 Point!』

1. 휴먼에러는 사고의 시작점이므로 사소한 실수라도 결코 가볍게 넘기지 마라.
2. 실수를 개인의 탓으로만 보지 말고 작업환경과 시스템 전체의 조화를 함께 점검하라.
3. 일상적인 정리정돈과 절차 표준화, 시각적 관리체계는 휴먼에러 감소에 가장 효과적이다.
4. 휴먼에러 관련 위험요소를 위험성평가와 연계해 지속적으로 모니터링하고 개선하라.

현장에서 마주친 고의적인 위반의 실체

설비 보수를 하거나, 크고 작은 공사가 생기면 프로젝트에 참여한 도급사는 많게는 다섯 개가 넘는다. 플랜트 점검, 설비 공사, 생산설비 개조 등 여러 공종이 동시에 진행되는 복합 산업현장이거나, 자연스럽게 고소작업과 장비 작업이 많은 환경에서 직무 수행할 때가 많다. 어느 날 나는 고소작업 구역을 순회하다가 안전대를 착용하지 않고 일하는 근로자를 직접 목격했다. 즉시 그를 작업에서 내리게 하고 소속 관리감독자를 불렀다. 회사에 확인해 보니 해당 근로자에게도 안전대가 이미 지급된 상태였다. 이 말은, 보호구가 없어서가 아니라 알고도 사용하지 않은, 전형적인 '의도적인 불안전행동'이라는 뜻이었다.

이 근로자는 평소에도 안전수칙을 번거롭게 여기고 작업 보호구가 몸에 불편하다며 불평이 잦은 사람으로 평가되어 있었다. 본인은 "이 정도면 괜찮다", "다들 이렇게 한다"고 말했지만, 나는 그 말을 믿지 않았다. 한 사람의 고의적인 위반행동이 전체 작업조의 분위기를 흐리고, 나아가 회사의 안전문화 자체를 무너뜨리는 출발점이 된다는 것을 여러 현장에서 지켜봐 왔기 때문이다.

산업안전 분야에서 말하는 '의도적인 불안전행동'은 말 그대로 안전하지 않은 행동을 스스로 선택하는 것을 의미한다. 단순한 실수나 착각의 결과로 나타나는 위험행동과는 구분되는 개념이다. 나는 이 글에서, 근로자가 자의적으로, 그리고 반복적으로 선택하는 불안전한 행동만을 의도적인 불안전행동으로 한정해 이야기하고자 한다. 이런 사람들은 "안전수칙이 번거롭고 비효율적이다"라는 말을 자주 하지만, 실제로는 자신의 편의와 습관을 안전보다 앞세우고 있을 뿐인 경우가 대부분이었다.

조금 더 들여다보면 의도적인 불안전행동은 크게 두 가지 얼굴을 가진다. 하나는 스스로 위험을 감수하는 '리스크 수용 행동', 다른 하나는 규칙을 알고도 어기는 '위반 행동'이다. 둘은 서로 섞여 있는 경우가 많지만 같다고 볼 수는 없다. 위험한 작업장에서 일하기로 선택하는 것 자체는 리스크 수용일 수 있으나, 그 작업장에서 안전수칙을 무시하고 중대재해로 이어질 수 있는 행동을 반복하는 것은 분명한 규칙 위반이다. 나는 현장에서 이 두 가지가 동시에 나타나는 장면을 수없이 봐 왔다.

의도적 위반이 휴먼에러 대책을 무력화시키는 순간

의도적인 불안전행동은 휴먼에러와도 깊은 연관이 있다. 첫째, 의도적인 불안전행동이 계속되면 의도하지 않은 에러가 발생할 확률이 급격히 높아진다. 예를 들어, 그라인더 날을 규격보다 큰 사이즈로 바꾸면서 덮개를 개조하거나 아예 탈착한 채 작업하는 일이 생긴다. 이 상태에서는 한 번의 작은 실수만으로도 손가락이 잘리거나 얼굴을 크게 다치는 사고로 즉시 이어질 수 있다.

둘째, 의도적인 불안전행동은 에러가 사고로 이어지는 연결고리를 더욱 단단하게 만든다. 같은 실수라도 보호구를 제대로 착용하고, 안전장치를 작동시킨 상태라면 경상으로 끝날 수 있는 상황이, 장치와 보호구를 일부러 생략한 순간 중상이나 사망으로 확대된다.

셋째, 의도적인 불안전행동은 사고의 피해 규모를 훨씬 크게 만든다. 덮개가 없는 절단기를 사용하면서 그나마 전용 장갑이라도 착용하고 있다면 상처가 비교적 작게 끝날 수 있지만, 장갑조차 착용하지 않으면 그 순간부터는 손목 절단, 영구장애와 같은 결과를 각오해야 한다. 나는 실제 사고 사례를 분석할 때마다 "사고 자체보다, 그 전에 반복되던 의도적인 불안전행동이 더 무서운 적이었다"는 결론에 자주 이르곤 했다.

내가 가장 염려했던 지점은 의도적인 불안전행동이 그동안 공들여 만들어 놓은 휴먼에러 방지책을 한순간에 무효로 만들어 버린다는 점이다. 고소작업에서 발을 헛디디는 에러가 발생하더라도 안전대를 제대로 착용하고 있다면 크게 다치지 않고 넘어갈 수 있다. 그러나 불편하다는 이유로 안전대를 아예 착용하지 않으면, 같은 에러가 곧바로 추락사고로 이어진다. 지게차 후진 경보장치도 마찬가지다. 보행자와의 충돌을 막기 위해 설치한 장치를 운전자가 "귀가 아프다"는 이유로 꺼버리는 순간, 그 장치는 더 이상 안전장비가 아니라 장식품이 되고 만다.

현장에서 나는 이런 경우를 발견하면 반드시 원인을 끝까지 추적했다. 단순히 장비를 다시 켜라고 지시하는 것에서 그치지 않고, 왜 장치를 끄게 되었는지, 관리감독자는 무엇을 알고 있었는지, 조직은 어떤 메시지를 주고 있었는지 하나하나 확인했다. 그 과정에서 의도적인 불안전행동이 허용되는 분위기, 즉 "조금쯤은 괜찮다"는 묵인 문화가 얼마나 위험한지 뼈저리게 느꼈다.

안전수칙이 지켜지지 않는 이유와 행동을 바꾸는 방법

그렇다면 사람들은 왜 의도적으로 불안전행동을 선택할까. 나는 여러 현장에서 근로자들과 솔직하게 대화를 나누며 조금씩 그 이유를 정리해 나갔다. 현장의 공기, 그 안을 흐르는 긴장과 관성, 눈에 보이지 않는 조직문화 같은 것들이 뒤엉켜 사람의 선택을 흔들고 있다는 사실을 조금씩 깨달았다.

첫 번째 이유는 리스크에 대한 '소극적인 인식'이다. "지금까지는 한 번도 안 다쳤다", "이 정도는 괜찮다"는 말 속에는 실제 위험보다 훨씬 낮게 평가된 주관적인 추정이 숨어 있다. 나는 가끔 안전보건조정자와 안전수칙을 어기는 근로자가 언성을 높이며 다투는 모습을 보게 되는데, 그 본질은 결국 '주관적 추정과 객관적 사실의 충돌'이다. 법과 기준, 통계와 사례로 설명하는 안전관리자의 말보다 자신이 지금까지 살아남았다는 개인적 경험이 더 크게 느껴지는 것이다. 어떤 이는 "20년 동안 이렇게 해왔는데 왜 이제 와서 바꾸라 하느냐"고 되묻기도 한다. 경험이 오히려 위험 인식의 장막이 되는 아이러니가 발생하는 셈이다.

　두 번째 이유는 안전수칙을 지키면 시간이 더 걸리고, 공정이 늦어지고, 몸이 더 힘들다는 인식이다. 일부 근로자는 "저렇게 하나, 이렇게 하나 어차피 내가 다 책임질 텐데 빨리 끝내고 싶다"는 생각을 숨기지 않는다. 실제로 일정 압박이 심한 프로젝트에서는 '속도가 곧 능력'이라는 분위기가 형성되기도 한다. 일부 관리자는 공기 단축과 비용 절감을 이유로 눈앞의 위반을 지나치기도 한다. 이런 태도는 단기적으로는 일이 조금 빨리 끝나는 듯하지만, 장기적으로는 조직의 안전 수준을 급격히 떨어뜨리고 결국 더 큰 대가를 요구한다. 현행 산업안전보건 관련 법령과 중대재해 처벌 체계에서는 반복적인 안전수칙 위반을 방치한 관리자와 경영책임자에게도 책임을 묻고 있다는 사실을 잊어서는 안 된다.

　세 번째 이유는 집단 규범과 제재의 문제다. 나는 한 프로젝트 초기, 출입구 바닥에 '지적확인' 문구가 적힌 원형 표지판을 붙여 두고 그 위에 올라선 사람은 오른손 검지를 들어 좌우, 상단을 가리키며 "지적확인!"을 외치고 현장에 들어가도록 하는 수칙을 도입한 적이 있다. 처음에는 새로운 시도에 대한 호기심 덕분인지 대부분 즐겁게 참여했다. 하지만 시간이 지나자 참여율이 빠르게 떨어졌고, 몇몇 사람만 형식적으로 수행하는 '의무감의 잔향' 정도만 남게 됐다. 참여하지 않아도 아무런 제재가 없다는 사실은 "안 해도 되는 일"이라는 집단 인식으로 순식간에 번져 나갔다. 이 경험을 통해 나는 복잡하고 노력만 많이 들고, 제재나 동기부여가 뒷받침되지 않으면 안전수칙은 조직 내에서 생각보다 훨씬 빠르게 힘을 잃는다는 사실을 실감했다.

또 하나 눈여겨본 점은 고용 형태에 따른 차이였다. 플랜트 건설 단계에서 일하는 근로자와 준공 이후 제조, 생산 공정에서 근무하는 상시 근로자를 비교해 보면 안전수칙을 바라보는 시각이 확연히 다르다. 단기 프로젝트 성격의 근로자는 "여기 공사 끝나면 나는 떠난다"는 인식이 강한 반면, 제조현장의 정규 근로자는 장기간 일해야 하기 때문에 안전을 자기 문제로 받아들이는 경향이 상대적으로 높다. 하지만 그렇다고 단기 프로젝트 인력의 불안전행동을 방치할 수는 없다. 나는 의도적인 불안전행동을 반복하는 근로자에게 특별안전교육을 실시하고, 개선 의지가 없다고 판단되는 경우에는 과감히 현장에서 배제하기도 했다. '안전값'을 끝까지 지키는 사람과 그렇지 않은 사람을 동일하게 대하는 순간, 조직의 안전문화는 균열을 일으키기 시작한다. 작은 균열이 결국 현장을 흔들어 버릴 수도 있다.

그렇다고 처벌만이 해법은 아니다. 나는 현장에서 일종의 '보상 시스템'을 병행했다. 불편함을 감수하면서도 안전수칙을 철저히 지키고, 다른 동료의 불안전행동까지 자연스럽게 바로잡는 모범 근로자에게는 공개적인 칭찬과 실질적인 보상을 제공했다. 작은 선물에서 포상휴가, 평가 반영까지 다양한 방식이 있었고, 그 안에는 공통된 의도가 담겼다. "안전하게 일하는 것이 손해가 아니라, 가장 큰 이득이 되는 구조를 만들자." 어떤 근로자는 "칭찬 한마디가 다음 행동을 바꾼다"고 말하기도 했다. 성공했을 때 따라오는 쾌감과 인정받는 경험이 쌓이면 사람은 자연스럽게 안전한 행동을 습관으로 만들게 된다.

나는 여러 현장에서 이런 변화를 반복해서 목격해 왔다.

결국 솔루션은 늘 현장과 사람 속에 있다. 바뀌지 않는 사람은 없고, 바뀔 수 없는 현장도 없다. 다만 그 가능성을 찾아내고 적절한 방식으로 연결해 주는 역할, 그 끈을 놓지 않는 역할이 바로 안전관리자의 몫이라고 나는 믿는다. 안전문화는 어느 날 갑자기 완성되는 조형물이 아니라, 현장 곳곳에서 쌓여가는 작은 행동의 총합이며 우리 모두의 선택이 만들어 내는 결과물이다.

> 『산업안전관리 핵심 Point!』
>
> 1. 의도적인 불안전행동은 한 사람의 문제가 아니라 조직 안전문화를 무너뜨리는 출발점이다.
> 2. 휴먼에러 방지대책은 의도적 위반을 통제하고 제재하는 장치가 함께 있을 때 비로소 효과를 발휘한다.
> 3. 복잡하고 제재가 없는 안전수칙은 빠르게 무력화되므로, 현장 참여와 보상을 결합한 단순한 규칙으로 설계해야 한다.
> 4. 처벌과 보상을 균형 있게 운용해 '안전하게 일하는 사람이 가장 큰 이득을 얻는 구조'를 만드는 것이 행동 변화의 핵심이다.

지적확인은 단순한 구호가 아니라 산업현장에서 휴먼에러를 줄이는 가장 즉각적이고 효과적인 행동 절차다. 앞에서도 언급했지만, 초기에는 잘 지켜지던 지적확인이 시간이 지나면 점차 형식화되거나 생략되는 경우가 많다. 그러나 나는 여러 현장에서 지적확인의 중요성을 직접 경험해 왔기 때문에 이 절차만큼은 흔들리지 않게 유지해야 한다고 확신해왔다. 눈으로만 보는 확인은 상황이 애매해질 때가 많고, 실제로 위험요인이 분명히 존재하는데도 행동으로 이어지지 않는 경우가 자주 있었다. 반면 손가락으로 지점을 가리키며 소리 내어 확인하는 지적확인은 오조작과 착오를 줄여주는 효과가 확실히 있었다. 일부 연구와 현장 경험을 종합해 보면, 지적확인을 통해 단순 착오가 30퍼센트 이상 감소한 사례도 있었고, 나는 이를 현장에서 수차례 체감했다.

작업자는 대체로 눈으로 상황을 파악했다고 생각하지만, 행동에 옮기지 않으면 위험을 인식하고도 놓치는 경우가 많다. 그래서 나는 작업현장에서 지적확인을 적극적으로 생활화하기 위해 여러 방법을 시도했다. 단순히 안전수칙을 암기시키는 것이 아니라, 몸이 기억하도록 반복 훈련을 하는 방식이다. 눈으로 보고, 손으로 가리키고, 입으로

"지적확인"을 외치는 행위는 단순하지만, 그 순간 작업자의 집중력이 눈에 띄게 상승한다. 실제로 이런 짧은 동작 하나가 주변 환경을 다시 한 번 정리해 보게 만드는 계기가 되어, 예상치 못한 위험 요소를 재발견하는 경우도 많았다.

일부 회사는 위험요소를 확인한 후 손가락으로 가리키며 "좋아"라고 외치는 방식으로 지적확인을 강화하기도 한다. 어떤 곳은 동료와 함께 서로의 행동을 교차 확인하는 방식의 '상호 지적확인'을 도입해 실수를 이중으로 차단한다. 방식은 다르지만 목적은 같다. 작업자가 현장 속 인적 위험과 물적 위험을 동시에 인식하게 하는 것이다. 근로자 간 안전거리 확인, 보호구 상태 점검, 주변 자재 적치 상태 확인, 장비 이동 경로 파악 등은 모두 지적확인을 통해 즉시 이루어진다. 지적확인은 작은 절차처럼 보이지만, 실제 현장에서는 전체 작업의 리듬을 안정적으로 잡아주는 역할을 한다. 나아가 작업자의 안전감과 심리적 여유를 높여 사고 가능성을 전반적으로 떨어뜨리는, 매우 실질적인 예방 행위다.

지적확인의 기원과 그 효과를 조직 문화로 확장하다

지적확인은 단순한 동작이 아니라, 위험요인을 행동으로 전환시키는 강력한 안전문화 도구다. 일본 철도 운전사의 확인 행동에서 시작된 개념인데, 신호 변화나 지시를 놓치지 않기 위해 운전사가 특정 포인트에 도달하면 손짓과 구호로 행동을 의식화했고, 이는 단순한 동작 이상의 의미를 지녔다. 눈으로 보고, 손으로 가리키고, 입으로 말하는 이 일련의 과정은 순간적인 집중 상태를 만들어냈고, 결국 이는 철도 사고를 획기적으로 줄이는 기반이 되었다. 그 효과가 워낙 분명했기 때문에 이 방식은 철도 산업을 넘어 다양한 산업 영역으로 빠르게 확산되었다. 고위험 작업을 수행하는 공정에서는 사소한 실수 하나가 큰 사고로 이어질 수 있기 때문에, 지적확인은 작업 흐름 속에서 중요한 포인트를 명확히 인식하게 하고 반복되는 업무에서도 주의를 유지하도록 돕는 정교한 안전 장치로 자리 잡았다.

　하지만 실제 현장에서 지적확인이 늘 안정적으로 유지되는 것은 아니다. 초기의 높은 참여율에도 불구하고, 시간이 흐르면 피로도와 관성이 사람들의 행동을 잠식한다. "처음에는 재미있었는데요", "할 때마다 괜히 어색해요"라는 말이 오간다. 나 역시 이런 변화를 여러 차례 지켜봤다. 첫 주에는 대부분이 박력 있게 구호를 외쳤지만, 어느 순간부터 소리가 작아지기 시작했고, 몇 주 후에는 아예 "그냥 들어갑시다"라는 분위기가 형성되곤 했다. 지적확인은 혼자만 규칙을 지키기 어렵다고 느끼기 때문에 집단적 참여가 무엇보다 중요하다. 한 사람이 빠지면 두 번째 사람이 따라 빠지고, 그 흐름이 금세 현장 전체로 퍼진다. 결국 지적확인이 하나의 문화로 자리 잡으려면, 단순한 제재뿐 아니라 모든 구성원이 그 필요성을 자연스럽게 '공감'하는 분위기가 필요하다는 사실을 확인하게 되었다.

리더가 선봉에 설 때 지적확인은 현장의 문화가 된다

　지적확인을 다시 살리기 위해 나는 여러 접근을 고민했고, 결국 서번트 리더십의 방식에 주목했다. 서번트 리더십은 리더가 구성원을 섬기고, 교훈을 말로만 전달하기보다 행동으로 보여주며, 현장에서 함께 성장해 가는 리더십이다. 지적확인은 '누군가 시켜서 하는 절차'가 되면 금방 시들어 버리지만, '리더가 먼저 하는 행동'이 되면 자연스럽게 힘을 얻는다. 나는 각 도급사의 최고 책임자들이 직접 지적확인을 수행하도록 요청했고, 작업장 출입 시 리더가 누구보다 먼저 원형 표지판 위에 올라서 큰 소리로 지적확인을 외치는 모습을 만들었다. 그 모습은 말 그대로 현장의 공기를 바꿔 놓았다. 근로자들은 리더가 진심으로 참여하는 모습을 보면서 "아, 이건 그냥 보여주기식 규칙이 아니구나"라는 메시지를 느끼기 시작했다.

기억에 남는 순간이 있다. 어느 날 나는 평소보다 이른 시간에 현장을 찾았고, 출입구에서 스스로 지적확인을 수행한 뒤 현장으로 걸어 들어갔다. 뒤따라오던 근로자 몇 명이 웃으며 "오늘은 다 같이 합시다!"라고 말하며 자연스럽게 같은 동작을 따라 했다. 강제가 아닌 자발적 참여가 만들어내는 에너지는 매우 강력했다. 그날 나는 확신했다. 안전규칙은 지침서 속 문장으로만 존재할 때는 생명력을 잃지만, 리더가 몸으로 먼저 보여주는 순간 제도는 문화로 변한다는 사실을. 이후 공사 말기까지 이 분위기는 이어졌고, 대부분의 근로자가 지적확인을 '해야 하는 것'이 아니라 '당연히 하는 것'으로 받아들이는 현장으로 변화했다.

결국 지적확인은 안전을 위한 단순한 절차를 넘어 근로자의 사고를 줄이고 조직의 집중력을 끌어올리는 핵심 도구다. 특히 복잡한 공정이나 반복되는 단순 작업에서는 사람의 주의가 흐려지는 순간이 반드시 존재한다. 이때 지적확인은 작은 스위치처럼 집중의 불을 다시 켜준다. 그리고 이 도구가 제대로 작동하려면 구성원의 참여를 이끌어내는 리더의 일관성 있는 태도, 말보다 행동으로 보여주는 솔선수범이 반드시 필요하다. 조직 문화는 강제의 언어로는 결코 완성되지 않는다. 꾸준함과 진정성, 그리고 '앞에서 먼저 하는 사람'이 있을 때 비로소 살아 움직인다.

1. 지적확인은 휴먼에러를 줄이는 가장 즉각적이고 효과적인 절차다.
2. 눈, 손, 입을 동시에 사용하는 지적확인은 작업자의 집중력을 높여 사고를 예방한다.
3. 지적확인은 강제가 아니라 문화가 되어야 하며, 이를 위해 리더의 솔선수범이 핵심이다.
4. 조직 전체가 참여할 때 지적확인은 지속 가능한 안전문화로 정착 된다.

안전체조는 산업재해의 가능성을 낮춰준다.

산업현장에서 이루어지는 안전체조는 단순한 준비 운동이 아니라, 작업자의 신체와 정신을 동시에 깨우는 중요한 안전 절차다. 나는 여러 현장에서 아침마다 이루어지는 안전체조를 관찰하며, 이 활동이 근로자의 안전에 얼마나 큰 영향을 미치는지 분명히 체감해 왔다. 작업 특성상 특정 근육을 반복적으로 사용하는 환경에서는 작은 피로 누적도 부상으로 이어질 수 있다. 경직된 근육에 적당한 자극을 주어 체온을 높이면 신경 전달 속도가 빨라지고, 반응 시간이 개선되며, 중량물을 다루는 작업에서 흔히 발생하는 요통이나 근육 손상의 위험도 줄어든다. 몸을 유연하게 만드는 단순한 동작처럼 보이지만, 근로자의 집중력과 작업 효율까지 높여 주는 효과가 있어 작업 전 워밍업으로서 매우 중요한 역할을 한다.

현장의 분위기를 바꾸는 안전체조의 힘

8시 정각이 되면 나는 자연스럽게 직원들 앞에 선다. 직원 모두 나를 보며 자연스럽게 몸 동작을 따라한다. 요 근래 안전보건청취도 조사를 했는데 "아침마다 하는 안전체조가 너무 좋다"는 피드백을 받은 적이 있다. 건설 프로젝트를 맡았을 때도 마찬가지였다. 초기에는 모든 근로자가 아침 8시에 대표 시공사의 컨테이너 앞에 모여 목, 팔, 다리, 몸통, 등·배 운동을 차례로 반복하며 체즈를 진행했다. 처음엔 그저 의무적으로 참여하는 사람도 많았지만, 시간이 지나며 체조 음악을 틀고 사회자가 리듬을 이끌기 시작하면서 현장 분위기가 눈에 띄게 밝아졌다. 나는 사회자가 올라설 수 있는 작은 구령대까지 제작해 설치했는데, 이 작은 변화가 의외로 큰 효과를 냈다.

근로자들에게 직접 물어보면 "몸이 빨리 깨어서 작업하기 좋다", "아침 피로가 줄어든다", "기분 전환이 된다"는 대답이 많았다. 안전체조는 짧고 간단한 활동임에도 근로자들의 몸뿐 아니라 마음까지 준비시켜 주었다. 특히 고소작업이나 고위험 작업이 많은 현장에서는 근로자의 컨디션이 작업 품질과 안전에 직접적으로 반영되기 때문에 이 짧은 체조 시간이 오히려 하루 전체의 안전도를 좌우하는 중요한 시간이라는 생각이 들곤 했다.

안전체조는 근로자의 컨디션을 확인하는 '예방적 점검'이다

안전체조는 실행이 간단하고 특별한 장비도 필요하지 않기 때문에 운영이 매우 용이하다. 그러나 그 가장 큰 장점은 따로 있었다. 바로 '근로자의 컨디션을 직접 확인할 수 있는 시간대'라는 점이다.

나는 안전체조 시간에 근로자들의 동작을 관찰하며 그날의 컨디션을 파악할 수 있었다. 평소보다 동작이 느리거나 표정이 어둡고, 몸을 움직이는 데 어려움을 보이는 사람은 추가 확인이 필요했다. 실제로

안전체조 시간에 컨디션 이상을 발견해 위험 작업에서 제외한 사례도
있었다. 체조는 단순한 신체 활동이 아니라 사고를 사전에 걸러내는
일종의 안전 필터 역할을 하고 있었던 셈이다. 근로자들이 자연스럽게
몸을 움직이는 동안, 관리감독자는 그 움직임의 어색함과 변화를 통해
그날의 위험요인을 미리 감지할 수 있다. 이 과정은 서류 점검이나
구두 확인만으로는 절대 파악할 수 없는 영역이며, 바로 이런 이유
때문에 안전체조는 산업현장의 '필수 안전 절차'가 되어야 한다고 나는
확신한다.

『산업안전관리 핵심 Point!』

1. 안전체조는 근로자의 신체를 준비시키고 재해 가능성을 낮추는
   중요한 안전 절차다.
2. 체조를 통해 근로자의 컨디션을 자연스럽게 확인하며 하루 작업의
   위험요인을 사전에 파악할 수 있다.
3. 짧은 운동이라도 집중력, 반응 속도, 작업 효율까지 높여주는
   강력한 예방 활동이다.
4. 안전체조는 안전문화를 자연스럽게 형성하는 데 기여하는 현장의
   기본 안전습관이다.

TBM은 산업현장에서 근로자가 작업을 시작하기 전 반드시 거쳐야 하는 핵심 안전 절차다. 나는 여러 현장에서 TBM의 중요성을 강조해 왔지만, 막상 실태를 점검해 보면 겉으로만 진행되고 실질적인 위험예지는 이루어지지 않는 때가 많았다. 그러나 TBM은 단순히 서류를 채우거나 구호를 외치는 행위가 아니라, 당일 작업의 위험원을 정확히 짚어내고 근로자가 스스로 사고를 예측하도록 만드는 중요한 과정이다. 오전 안전체조가 끝나면 각 도급사별로 조를 이루고, 작업 투입 전 관리감독자가 주재해 위험요소를 찾아 대책을 세우는 이 절차는 고위험 작업일수록 더욱 필수적이다. 나는 매월 말 안전보건협의체 위원들과 함께 각 도급사의 TBM 기록을 직접 살펴보며 이행 상태와 개선점을 확인했다. 서명만 채워진 종이는 의미가 없다. 그 기록 속에 실제 사고 예방의 흔적이 담겨 있어야 한다.

TBM을 왜 하는지 잊는 순간, 안전의 본질도 함께 잃게 된다

TBM이라는 개념은 원래 미국 건설업에서 작업자의 준비 상태를 점검하기 위한 프로그램으로 도입되었고, 이후 국내 산업 전반에서 사용하기 시작했다. 그러나 국내 현장에서 작성된 TBM 활동지를 들여다보면 동일한 내용을 복사해 붙여넣거나, 당일 작업과 무관한 문구가 반복되는 등 형식적 운영이 적지 않았다. 이렇게 되면 본래의 목적은 사라지게 된다. TBM은 작업자의 눈과 사고를 깨우는 시간이어야 한다.

나는 TBM의 목적을 명확하게 정리해 각각의 직영부서, 협력사에 공유했다. 당일 작업의 위험원을 구체적으로 예측하고 대책을 세우는 활동, 지시사항을 정확히 전달하는 활동, 근로자와 관리감독자의 의사소통이 활발히 이루어지는 활동이 TBM의 핵심이다. 안전부서원들과 나는 TBM을 번갈아 직접 참여하며, 일방적인 전달 방식이 아닌 실제 대화를 중심으로 운영되도록 지도했다. 근로자가 스스로 발언하고, 위험을 떠올리고, 대책을 말하도록 유도하는 순간 TBM은 비로소 살아 있는 활동이 된다. TBM은 작업자 한 사람의 안전을 넘어 현장 전체의 안전 분위기를 결정짓는 시간이다. 다만 지나친 서류 업무로 인해 운영 자체가 부담이 되어서는 안 된다는 판단에서 TBM 기록은 최소한의 필수 항목만 남기고, 당일 교육이 명확하게 확인될 수 있는 정도로 간소화했다. 중요한 것은 종이의 두께가 아니라 내용의 진실성이라는 점을 모든 관리감독자가 공감하도록 했다.

TBM은 위험성평가와 연결될 때 비로소 현장의 안전을 완성한다

최근 TBM 활동이 법정 안전교육시간으로 인정되면서, TBM의 중요성은 더 높아졌다. 이는 작업 전 위험예지 활동과 교육이 실질적인 사고 예방 효과가 있다는 점을 제도적으로도 인정한 것이다. 나는 직영부서의 관리감독자와 협력사 관리감독자에게 TBM 교육확인 일지를 빠짐없이 정리해 두도록 독려했으며, TBM과 위험성평가를 자연스럽게 연결해 운영하도록 지도했다.

당일 작성된 위험성평가 내용 안에 TBM에서 도출된 의견을 반영하고, 역으로 TBM을 통해 논의된 위험요소를 위험성평가 개선항목으로 연결해 보완했다. 이렇게 두 제도가 유기적으로 움직이면 현장 전체의 사고 가능성은 눈에 띄게 줄어든다. TBM을 단순히 하루의 시작을 알리는 절차가 아니라, 위험성평가의 전 단계이자 실시간 안전교육으로 바라보는 관점이 필요하다.

TBM이 제대로 운영되면 근로자는 '오늘 내가 무엇을 해야 하는지' 보다 '오늘 어떤 위험이 숨어 있는지'를 먼저 생각하게 된다. 이 작은 사고의 변화가 사고 예방의 가장 중요한 출발점이다. 형식적인 TBM은 종이만 남기고, 제대로 된 TBM은 사람을 남긴다. 나는 후자가 반드시 현장의 표준이 되어야 한다고 믿었다.

『산업안전관리 핵심 Point!』

1. TBM은 형식이 아닌 실제 위험예지를 위한 필수 안전 절차다.
2. 어제의 내용과 복사된 내용은 TBM의 의미를 무너뜨린다.
3. 근로자가 직접 발언하고 위험을 떠올리게 하라.
4. 위험성평가와 연계될 때 비로소 현장 안전 수준을 완성한다.

사다리는 혼자 통제하기 불완전한 장비이다.

산업현장에서 사다리는 가장 흔하게 사용되지만 동시에 가장 많은 추락 사고로 이어지는 위험 장비다. 제조 라인, 물류센터, 에너지 설비, 정비 구역, 공공시설 유지관리 등 업종을 가리지 않고 등장하기 때문에 사고는 장소를 가리지 않는다. 나는 여러 현장에서 사다리 사고를 직접 경험하면서, 이것이 단순한 실수가 아니라 언제든 반복될 수 있는 구조적 위험이라는 사실을 절감해왔다. 높이가 크지 않아 보이더라도 사다리에서 떨어지는 순간 인체는 강한 충격을 받는다. 특히 머리, 목, 척추처럼 중요한 부위로 힘이 집중되면 치명적인 결과를 초래한다.

보호구 착용 여부에 따라 부상 정도가 극명하게 갈리는 것도 여러 번 경험했다. 추락 지점이 콘크리트나 금속처럼 단단한 지면이라면 충격은 더 커지고, 현장의 환경도 늘 평탄하지 않기 때문에 위험은 복합적으로 커져간다. 사다리 각도 불량, 미끄럼 방지 기능 미작동, 하중 초과, 정비 부족 등 다양한 요인이 함께 작용해 사고를 만든다. 결국 나는 한 가지 결론을 얻었다. 사다리는 구조적으로 '혼자 통제하기에 불완전한 장비'라는 점이다.

규정에서는 가능한 경우 추락 방지 장치를 함께 사용하도록 권고하지만, 실제 산업현장에서는 안전고리를 체결할 수 있는 지점이 부족한 곳이 많았다. 제조설비 주변, 협소한 운송라인, 높은 랙 주변, 전기설비 점검 구역에서는 구조적으로 안전대를 걸 수 없는 경우가 자주 있었다. 이러한 한계를 고려할 때, 사다리 자체의 흔들림을 '사람이 안정시키는 방식'이 현실적으로 가장 강력한 안전조치였다. 초기에 나는 '작업자 포함 2인 1조 + 아웃트리거 사용'을 기준으로 운영했다.

하지만 현장을 둘러볼수록 2인 체계의 한계가 분명해졌다. 사다리는 앞뒤뿐 아니라 좌우로도 쉽게 흔들린다. 작업자가 손을 뻗거나 몸을 살짝 이동하는 동작만으로도 중심이 바뀌고. 한 사람의 힘만으로는 여러 방향의 흔들림을 동시에 제어하기 어려웠다. 그래서 기준을 '작업자 포함 3인 1조 + 아웃트리거 사용'으로 강화했다. 좌우 두 명이 사다리를 각각 지지하고 뒤쪽에서 작업자의 움직임 변화를 감지하도록 했다.

이 체계를 적용한 이후 사다리 사고율은 눈에 띄게 줄었다. 사다리를 직접 잡아본 사람이라면 알 것이다. 한 명이 잡아주는 것과 두 명이 좌우에서 동시에 안정시키는 것의 차이는 확연하다. 한 명이 잡으면 "버티는 느낌"이지만, 두 명이 잡으면 "잡힌다"는 느낌이 된다. 이 차이가 사고 예방의 핵심이었다.

사다리 작업은 '잠깐 하는 일'이 아니라 즉각 사고로 이어지는 고위험 작업이다

사다리는 익숙하다는 이유로 쉽게 방심을 불러온다. 많은 근로자들이 별다른 확인 없이 사다리 위에 올라서는 모습을 나는 여러 번 보았다. 그러나 사다리 작업은 지면 상태, 각도, 하중, 균형, 주변 위험요소 등 수많은 변수를 동시에 관리해야 하는 작업이다. 이 변수들은 제조업, 물류업, 정비업, 에너지 산업 등 어떤 업종에서도 동일하게 존재하며, 그중 하나라도 놓치면 사고로 직결된다. 나는 여러 현장에서 하나의 결론을 되풀이하게 됐다. 사다리 작업은 혼자 하면 위험하고, 팀이 붙으면 안전해진다는 점이다. 3인 1조 체계가 자리 잡자 작업자들은 더욱 안정된 심리 상태에서 작업을 시작했고 이는 오히려 작업 속도와 품질 향상으로 이어졌다. 긴장이 줄어들면 불필요한 실수도 줄기 때문이다. 사다리는 단순하지만, 안전은 단순할 수 없다. 나는 현장에서 이 사실을 계속 확인해왔다.

『산업안전관리 핵심 Point!』

1. 사다리 작업은 모든 산업에서 반복되는 대표 고위험 작업이다.
2. 사다리의 흔들림은 장비보다 사람이 안정시키는 것이 현실적이다.
3. 3인 1조 구성은 다축 흔들림을 제어하는 가장 실효성 높은 방식이다.
4. 사다리 작업을 '잠깐 하는 일'이 아니라 '팀 기반 위험작업으로 인식해야 안전이 확보된다.

귀사의 재해 대응 시나리오는 현실적인가?

재해사고 대응 시나리오는 산업현장에서 사고가 발생했을 때 초기 대응부터 원인 분석, 재발 방지 대책까지 전 과정을 구조적으로 정리한 문서이다. 공정, 설비, 작업환경을 불문하고 재해는 어느 산업에서도 발생할 수 있기 때문에 시나리오는 단순한 문서가 아니라 생명과 조직의 존속을 지키는 실질적 도구가 되어야 한다. 내용에는 현장의 접근 통제, 부상자 구조, 응급조치, 위험원 격리, 보고 체계 가동 등 초기 대응의 전 과정이 포함되어 있으며, 사고 이후에는 원인의 재구성, 재발 방지 개선책, 교육 반영까지 한 흐름으로 이어져야 한다. 나는 현장에서 수없이 작은 사고들을 접하며, 시나리오가 있어야 대응이 신속해지고 피해가 최소화된다는 사실을 체감했다.

사고 대응 매뉴얼이 '현장에서 작동하지 않는' 이유를 끝까지 추적해야 한다

문제는 매뉴얼이 작성되어 있어도 실제 사고 순간에는 제대로 작동하지 않는 경우가 많다는 점이다. 그 이유를 파고들수록 몇 가지 공통점을 발견하게 된다. 첫째는 심리적 요인이다. 사고 순간 인간은 이성적으로 행동하기 어렵다. 충격, 공포, 긴장 등 심리적 요인이 크게 작용하기 때문에 아무리 준비된 사람이라도 '문서에 적힌 문장'을 기억해내고 순서대로 이행하는 것은 쉽지 않은 일이다. 특히 사고를 처음 경험하는 근로자라면, 대응 절차를 알고 있음에도 몸이 굳어버려 아무 행동도 할 수 없는 일이 반복된다.

둘째는 매뉴얼과 현실의 간극이다. 대부분의 매뉴얼은 평균적인 사고를 기준으로 작성되지만, 실제 현장은 예측하지 못한 변수가 너무 많다. 장비 배치가 바뀌거나, 도로가 막혀 구급차 접근이 늦어지거나, 주변 설비의 열과 전압, 압력 상태가 달라지는 등 매뉴얼이 가정하지 못한 상황들이 실제 사고에서는 동시에 일어난다.

셋째는 시간의 문제이다. 매뉴얼은 단계별 행동을 안내하지만, 사고 대응은 초 단위의 판단이 요구된다. 심각한 부상자 발생 시 "먼저 응급조치인가, 먼저 보고인가"라는 고민이 한순간 갈등을 만든다. 마지막으로 현장의 자원 부족도 있다. 매뉴얼대로 하려 해도 산소통이 없거나, 들것이 고장 나 있거나, 대응 인력이 부족한 경우 실제 실행은 불가능해진다. 이런 이유 때문에 나는 현장의 사고 대응 능력은 문서를 만드는 것보다 '현실을 얼마나 제대로 반영하느냐'에서 결정된다고 생각하게 되었다.

재해 대응 시나리오는 고정된 문서가 아니라 현장 변화에 따라 끝없이 보완해야 한다

산업현장은 하루에도 여러 번 형태가 바뀐다. 설비가 이동하고,

작업자가 교대하고, 투입되는 공정이 달라지고, 환경요인은 계절과 시간대에 따라 달라진다. 이런 변화 속에서 고정된 매뉴얼이 현실을 지켜줄 것이라고 기대하는 것 자체가 위험한 착각이다. 나는 그래서 사고 대응 문서는 하나의 완성본이 아니라 '살아 있는 문서'가 되어야 한다고 강조해왔다. 우선 시나리오는 현장의 실제 조건을 철저히 반영해 세밀하게 보완되어야 한다. 그리고 정기적인 모의 훈련을 통해 매뉴얼이 실제로 작동하는지 반드시 확인해야 한다. 훈련을 하면 대응자의 심리적 불안이 줄고, 인력의 역할이 명확해져 사고 순간 행동이 자동화되기 때문이다. 또한 사고 발생 시 역할 분담은 늘 명확해야 한다. 누가 위험구역을 통제하고, 누가 응급조치를 시행하며, 누가 보고를 맡고, 누가 구조 지점을 확보할 것인지 각자의 역할이 자연스럽게 작동하도록 구조화해야 한다. 나는 근무했던 사업장, 프로젝트마다 구성원, 업체, 조직의 변화가 잦았기 때문에 매뉴얼은 그 변화에 맞춰 끊임없이 수정하고 공유했다. 누가 묻더라도 답변은 동일하다. 시나리오는 사업이 끝날 때까지 계속 보완해야 한다. 산업현장에서 사고 대응 문서는 '갱신을 멈추는 순간 역할을 잃는 문서'이기 때문이다.

1. 사고 대응 문서는 완성형이 아니라 현장을 따라 움직이는 살아 있는 시스템이어야 한다.
2. 모의훈련은 매뉴얼의 작동 여부를 확인하는 확실한 방법이다.
3. 사고 대응 시나리오는 매 주기로 지속적으로 보완해야 한다.

산업현장의 마지막까지 안전을 지키기 위해서는 일선에서 작업을 지휘하고 감독하는 관리감독자의 역할이 변함없이 유지되어야 한다. 프로젝트가 길어질수록 작업자와 감독자 사이에는 여러 감정과 피로가 쌓이기 마련이고, 이는 안전조치의 일관성이 흔들리는 원인이 된다. 초기에는 작은 위험에도 철저하게 지적하고 개선을 요구하던 감독자조차 시간이 지나면서 부담과 고충을 느끼게 되면 일부 행동을 생략하거나 애써 못 본 척하려는 경향이 생긴다. 특히 인력 교대가 잦거나 일정 압박이 심한 제조, 물류, 정비, 에너지 현장에서는 이 같은 현상이 더욱 빠르게 나타난다.

하지만 관리감독자의 역할은 변화하는 현장 분위기와 무관하게 동일한 기준으로 끝까지 유지되어야 한다. 산업안전 분야에는 타협의 중간 지점이 없다. 위험은 청신호와 적신호만 존재하며, 중간 단계의 안일한 판단은 사고로 이어질 가능성을 높인다. 순간의 생략, 단 한 번의 유예가 예상치 못한 대형 사고로 이어졌던 실제 사례를 여러 번 경험하며, 나는 관리감독자의 일관성이 곧 현장의 안전수준이라는 사실을 확신하게 되었다.

끝까지 유지되는 일관성은 안전과 관계를 동시에 살린다

관리감독자가 사업장을 떠나기 전까지 유지해야 하는 가장 중요한 역할은 작업자가 '최종 목표에 도달'하도록 돕는 것이다. 업무를 배정하고, 필요한 기술, 절차를 안내하며, 때로는 격려와 질책을 균형 있게 수행하는 과정이 계속되어야 한다. 감독자의 관심이 줄어드는 순간 작업자들은 스스로 안전기준을 느슨하게 해석하기 시작하고, 이는 조직 전체의 위험 허용 수준을 무너뜨린다. 또한 관리감독자는 업무 지시 외에도 구성원 간 관계를 건강하게 유지하는 책임을 갖고 있다.

산업현장에서 인간관계는 작업 품질과 안전준수율에 직접적인 영향을 준다. 장기간 프로젝트에서는 갈등과 피로가 쉽게 축적되기 때문에 서로 간 신뢰가 약해질수록 안전기준 준수는 더 어려워진다. 관리감독자가 이 두 가지 역할을 끝까지 흔들림 없이 유지하는 것이 현장의 조직력과 안전수준을 동시에 지키는 방법이다. 나 또한 감독자로 일하면서 작업자 간의 반목을 예방하고자 지속적으로 현장의 분위기를 살피며, 갈등이 보일 때 즉시 조정하고 신뢰를 회복하기 위한 대화를 반복했다. 이런 과정은 단순한 인간관계 관리가 아니라 위험을 줄이는 가장 직관적인 안전 활동이었다.

리더십이 부족하면 고충과 불만이 안전을 위협한다

관리감독자에게 업무 역량이 충분하더라도 인간적 소통이 부족하면 작업자들은 쉽게 불만을 쌓는다. 반대의 경우도 마찬가지다. 기술적으로 유능하지만 인간적인 교감이 부족한 감독자는 말기에 갈수록 조직 내

갈등의 중심이 되는 경우가 많았다. 나는 실제로 현장에서 소통이 미흡한 감독자 아래에서 작업자들의 불만이 꾸준히 증가하고, 작은 위험까지도 '지적하기 위한 지적'으로 받아들이는 분위기가 형성되는 것을 여러 차례 목격했다. 안전조치가 진심에서 시작되었더라도 인간관계가 무너지면 지시의 효과는 크게 떨어지고, 작업자는 감독자의 말에 신뢰를 잃게 된다. 이는 결국 위험요인이 반복적으로 방치되는 결과로 이어진다.

그래서 관리감독자의 리더십은 기술적인 지휘 능력뿐 아니라 인간관계를 유지하는 지속적인 관심에서 완성된다. 업무를 독려하고 필요한 지식을 전달하는 과정이 아무리 훌륭해도, 사람과 사람 사이의 관계를 돌보지 않으면 프로젝트 말기에 어떤 안전 리스크가 발생할지는 예측하기 어렵다. 결국 관리감독자의 리더십은 '끝까지 같은 기준과 태도를 유지하는 일관성'과 '사람을 잇는 신뢰' 두 가지가 균형을 이룰 때 비로소 현장에서 작동하는 안전자산이 된다.

『산업안전관리 핵심 Point!』

1. 관리감독자의 일관성은 현장 안전수준을 결정짓는 핵심이다.
2. 기술적 지도와 인간적 소통은 분리될 수 없으며, 두 요소가 균형을 이룰 때 사고 예방 효과가 극대화된다.
3. 리더십의 공백은 반드시 안전 리스크 증가로 연결되므로 끝까지 동일한 기준으로 책임을 수행해야 한다.

작은 보수공사부터 시작해서 대수리까지 수십 개, 수백 개의 프로젝트를 하며 살아왔다. 산업 현장에서 이뤄지는 프로젝트를 살펴보면, 막바지 단계에 가까워질수록 여러 작업이 동시에 진행되고, 공간은 점점 협소해지며 작업자들의 동선이 서로 뒤엉키기 쉽다. 제조, 건설, 물류 등 업종을 가리지 않고 동일하게 나타나는 현상이다. 이 시기에는 마감 공정 특성상 날카로운 잔재물, 임시 고정된 자재, 미완성된 바닥, 노출된 전기 작업 등 예기치 못한 위험요인이 급격히 증가한다. 동시에 작업자들은 프로젝트가 끝나간다는 심리적 안도감과 피로 누적으로 인해 집중력이 흔들리고, 안전수칙 준수에 작은 공백이 생기기 쉽다.

고위험 구역에 설치해야 할 안전시설이 임시 상태로 유지되는 경우도 많아, 작은 실수도 큰 사고로 이어질 가능성이 높아진다. 나는 여러 현장을 경험하며 이 시기만큼은 주변의 미세한 변화까지 더 세심하게 관찰해야 한다는 사실을 반복해서 느꼈다.

'장면행동'은 순간적 충동이지만, 그 대가는 매우 크다

일정 압박이 커지고 작업 속도가 빨라지면 사람은 본능적으로 '당장 눈앞의 문제'만 처리하려는 경향을 보인다. 관리감독자 입장에서 이를 보면, 안전규칙이 흐려지고 판단이 단순해지는 모습이 금방 눈에 들어온다. 위험 상황에 집중하는 순간 다른 리스크를 인식하지 못하고 무의식적으로 돌진하는 행동, 이것이 바로 '장면행동'이다. 작업자가 위험을 인식함에도 불구하고 강한 욕구나 충동에 의해 즉각적으로 움직여버리는 것으로, 사고의 중요한 직접 원인 중 하나다.

나는 장면행동을 여러 차례 보며 그 위험성을 명확히 체감했다. 밀폐공간에서 동료가 쓰러진 것을 목격한 작업자가 보호장비 없이 안으로 뛰어드는 행동, 사다리에서 떨어지는 공구를 잡으려다 스스로 추락하는 상황 등은 특정 산업에 국한되지 않는 대표적 사례다. 이러한 행동은 안전불감증이 누적된 상태와 복잡한 작업환경이 동시에 맞물릴 때 더욱 자주 발생한다. 문제는 장면행동이 대부분 '좋은 의도'에서 비롯된다는 점인데, 의도가 아무리 선하더라도 결과는 치명적일 수 있다는 것이 현실이다.

장면행동을 억제하는 가장 현실적인 대책은 '끝까지 유지되는 안전교육과 안전 분위기'다

장면행동은 감정과 충동적인 습관이 결합된 행동이기 때문에 단순한 경고만으로는 막기 어렵다. 그래서 전체 산업현장에서 공통적으로 필요한 조치는 '지속적이고 반복되는 안전교육'이다. 교육을 통해 작업자는 위험을 판단하는 기준을 되살리고, 자신이 취할 수 있는 행동 범위를 명확히 인식하게 된다. 또한 위험이 높아지는 프로젝트 말기일수록 관리감독자의 현장 관찰과 즉각적 피드백이 중요해진다. 나는 말기 현장에서 작은 위험요소라도 파악되면 작업을 일시 중단시키고 다시 안전 절차를 확인하는 시간을 반드시 가졌다. 생산성 저하를 우려하는 목소리도 있었지만, 장면행동으로 인한 사고는 단 한 번 발생해도 모든 작업이 멈추고 회복까지 더 큰 비용과 시간이 들어간다는 사실을 조직 전체에 꾸준히 설명했다. 결국 산업현장에서 가장 중요한 우선순위는 근로자의 생명이며, 안전은 일정보다 선행되어야 한다. 이 원칙이 말기 상황에서 흔들리는 순간, 장면행동의 위험은 반드시 현실이 된다.

『산업안전관리 핵심 Point!』

1. 프로젝트 말기에는 피로와 압박이 겹쳐 장면행동 위험이 급격히 높아진다.
2. 장면행동은 순간적 충동이지만 결과는 치명적이므로 구조적으로 차단해야 한다.
3. 반복적 안전교육과 감독자의 즉각적 피드백이 장면행동 억제의 가장 효과적인 수단이다.
4. 말기 공정일수록 "생산성보다 안전"이라는 원칙을 더욱 강하게 유지해야 한다.

저숙련자만 관찰하는 습관은 잘못된 행동이다.

중장기 프로젝트를 가정해보자. 후반부로 접어들면 많은 관리자들이 "이제 대부분이 익숙해졌을 것"이라고 판단하는 경향이 있다. 하지만 실제로는 프로젝트 전체 기간을 동일한 인력이 모두 경험하는 경우는 드물다. 모든 산업에서도 마찬가지로 장기 투입 인력과 단기 투입 인력의 비율은 일정하지 않으며, 그 중 절반 이상은 단기간 참여하는 근로자들이다. 반면 여러 현장을 오가며 경험을 쌓은 숙련자들은 적응력이 뛰어나고 작업 흐름에 빠르게 적응한다. 그렇지만 숙련자에게 경험이 많다는 이유로 저숙련자만 집중 관찰하는 것은 안전관리에서 가장 흔히 발생하는 오류다. 불안전행동은 지식이나 경험이 부족한 근로자에게만 나타나는 것이 아니라, 오히려 숙련자에게서도 빈번히 발생하기 때문이다. 나는 현장을 경험할수록 "숙련자도 사고 가능성이 매우 높다"는 사실을 더 명확하게 확인했다.

숙련자가 더 위험해지는 이유가 뭘까?

숙련자는 작업을 반복하면서 자신감이 높아지고, 자연스럽게 위험을 과소평가하는 습성을 보일 수 있다. "나는 이 작업을 셀 수 없이 많이 해봤다"라는 마음가짐은 안전규칙을 지키는 기본 원칙을 흐리게 한다.

경험이 쌓일수록 자동적으로 작업을 처리하게 되고, 몸이 기억하는 동작이 많아지는 대신 세심한 주의력은 감소되는 경우가 생긴다. 환경 변화에도 둔감해지기 쉬워, 새로운 위험요소가 생겨도 즉시 알아차리지 못하는 경우가 많았다. 또한 숙련자는 업무 효율을 높이는 데 익숙하다 보니 더 빠른 방법을 선택하기 위해 일부 안전 절차를 생략하는 경향도 있다. "이 정도는 괜찮다"라는 자기 판단이 위험을 키우는 것이다.

특히 고위험 작업이나 다단계 공정에서는 숙련자에게 책임을 더 많이 부여하기 때문에 여러 작업을 동시에 관리하면서 본인의 안전을 소홀히 하는 상황도 자주 발생했다. 실제로 여러 사고조사 과정에서 숙련 작업자가 무의식적으로 생략한 절차 하나가 사고의 핵심 원인이 되는 경우를 수차례 보았다.

숙련자일수록 관리가 체계적으로 이루어져야 한다

숙련자는 현장에서 기대치가 높고 중요한 역할을 맡는 경우가 많기 때문에 위험을 더 세밀히 관리할 필요가 있다. 숙련자에게는 단순한 안전교육이 아니라, 위험 인식 자체를 재정비하는 교육이 반드시 필요하다. 반복되는 작업에 익숙해져 둔감해진 지점을 다시 끌어올리는 과정이 중요하다. 동료나 관리자들이 작업 과정에서 위험 신호를 발견하면 즉시 피드백할 수 있는 환경을 만드는 것도 효과적이다.

나는 여러 프로젝트에서 숙련자를 대상으로 고위험 작업의 프로세스를 다시 설계하고, 더 안전한 표준동작을 정립하는 방식으로 개선을 추진했다. 특히 숙련자들은 자신감이 과도해지기 쉬우므로, 경계심을 유지할 수 있도록 지속적인 점검과 위험성 평가 참여를 강조했다. 숙련자도 사고를 겪는 빈도는 저숙련자와 큰 차이가 없다는 사실을 현장에서 여러 번 확인했다. 능숙함이 안전을 보장하지 않는다는 사실을 조직 전체에 명확히 공유해야 한다. 결국 안전관리는 특정 집단을 대상으로 하는 것이 아니라, 숙련도와 무관하게 모든 구성원을 균형 있게 바라보는 관점에서 시작된다.

『산업안전관리 핵심 Point!』

1. 숙련자도 저숙련자와 동일하거나 더 높은 수준의 사고 위험을 가진다.
2. 경험에서 오는 자신감과 자동화된 행동은 새로운 위험을 간과하게 만든다.
3. 숙련자에게는 위험 인식 재정비와 피드백 문화가 필수적이다.
4. 안전관리는 특정 대상이 아닌 모든 작업자를 균형 있게 바라보는 관점에서 출발해야 한다.

산업현장에서 유해화학물질은 작업자가 반드시 위험성을 이해한 상태에서 취급해야 한다. 그러나 시간이 지나 업무가 익숙해지면 경계심이 낮아지고, 물질을 다루는 방식이 점점 느슨해지는 경향이 나타난다. 나는 여러 현장에서 이러한 이완을 반복적으로 확인했다. 특히 작업 일정이 후반부로 넘어갈수록 근로자의 피로와 긴장이 누적되기 때문에 작은 실수 하나가 큰 사고로 이어질 가능성이 커졌다. 이 때문에 유해화학물질 취급 과정에서 신체 노출 징후가 보이는 근로자는 즉시 위험에서 분리하도록 했으며, 동일 인원이 장기간 같은 물질을 반복 취급하는 상황도 조정했다. 계절적 요인으로 인해 짧은 소매나 경량 복장을 요구하는 사례도 있었지만, 유해물질 특성상 보호구 착용 원칙만큼은 한 번도 양보하지 않았다. 안전모, 보안경, 내화학 장갑, 보호복 등이 유지되지 않으면 위험은 반드시 취약한 틈을 찾아 들어오기 때문이다.

유해화학물질의 저장과 취급은 마지막 순간까지 동일한 기준으로 관리해야 한다

유해화학물질은 보관량이 많아질수록 위험도 높아지기 때문에 나는 저장량을 항상 필요 최소 수준으로 유지하도록 만들었다. 풀가동 공정일수록 남은 물량을 대량으로 쌓아두는 경우가 실무적으로 자주 발생하지만, 그만큼 누출 위험과 취급 오류가 증가해 더 강도 높은 관리가 필요했다. 용기 외관의 손상 여부, 배관 연결부 누출 가능성, 개스킷 상태 등은 최종 단계까지 반복 점검했고, 휘발성이나 독성이 있는 물질은 절대 임의로 다루지 않도록 세밀히 통제했다. 또한 특별한 처리 공정이 필요한 물질은 소량 단위로 안정적인 환경에서 배출하도록 관리했고, 이 과정에서 법적 기준이 어긋나지 않는지 끝까지 확인했다.

유해물질 폐기 과정은 사고 위험이 가장 높은 순간 중 하나였기 때문에 나는 폐기 절차를 계속 관찰하고 관리했다. 폐기 시설을 통해 외부로 오염이 배출되지 않도록 점검하고, 장비 고장이나 인력 실수가 생길 여지를 줄이기 위해 경보 설비와 자동 정지 장치를 반드시 함께 갖추도록 했다. 작업을 마친 이후 설비를 운영하게 될 근로자들에게도 영향을 줄 수 있기에, 초기의 단순 처리 수준을 넘어서 장기적 안전을 고려한 기준을 일관되게 유지했다.

MSDS는 보관하는 문서가 아니라 실제 행동을 바꾸는 정보다

가동량을 급격히 상향하는 일정에서는 유해화학물질이 추가로 반입되는 일이 많기 때문에 MSDS 관리 역시 마지막까지 중요하다. 나는 모든 물질 용기와 저장구역에 경고표지가 정확히 부착되어 있는지를 정기적으로 확인했고, 근로자가 필요한 순간에 즉시 MSDS 를 확인할 수 있는 구조를 마련했다. 특히 위험성이 높은 물질을 직접 사용하는 근로자들에게는 MSDS 제공에서 끝내지 않고, 물질의 반응성, 혼합 위험성, 응급조치 절차, 보호구 적용 기준 등을 실제 작업 동작과 연결해 교육했다. MSDS의 핵심 내용이 행동으로 전환되지 않으면 문서가 존재하는 의미가 없기 때문이다.

산업현장에서 MSDS는 단순한 비치용 문서가 아니라, 위험을 인식하고 행동을 바꾸는 하나의 장치로 기능해야 한다. 마지막 작업일이 되더라도 이 원칙은 단 한 번도 흔들려서는 안 된다.

『산업안전관리 핵심 **Point!**』

1. 유해화학물질은 익숙해질수록 위험이 커지므로 다량을 취급할수록 더 엄격히 관리해야 한다.
2. 저장, 취급, 폐기 과정에서 누출이나 노출을 유발할 요소를 끝까지 점검해야 한다.
3. MSDS는 문서가 아니라 즉시 행동을 변화시키는 안전정보로 활용해야 한다.
4. 보호구 착용과 경고표지 부착은 모든 단계에서 예외 없이 적용되어야 한다.

[시운전은 예측하기 어려운 위험요소가 너무 많다.]

시운전은 장비와 시스템을 실제 상황과 동일하게 가동하여 성능을 검증하는 절차다. 이 과정에서 사고가 빈번한 이유는 하나의 원인이 아니라 여러 요인이 동시에 작용하기 때문이다. 새로 설치되거나 개조된 설비는 설계에서 놓친 요소가 발견될 수 있고, 제작 과정의 오차가 누적되어 의도치 않은 오류를 일으키기도 한다. 여기에 조작자의 숙련도 부족까지 더해지면 기계의 반응과 작업자의 반응 사이에 어긋남이 생기며 사고 위험이 배가된다. 제조업과 에너지 산업, 물류 산업처럼 가동 시점이 중요한 업종은 이러한 긴장도가 극도로 높아진다. 단 한 번의 시운전 오류가 전체 설비의 신뢰성과 지속 운영에 직격탄을 날릴 수 있기 때문이다.

시운전은 가동 대상이 제한적이지 않다. 단순한 모터나 펌프에서부터 대형 반응기, 압축기, 생산 라인, 물류 컨베이어까지 영역이 넓다. 규모와 종류가 다르다고 위험성이 줄어드는 것이 아니다. 운전자가 장비의 반응성을 충분히 이해하지 못한 상태에서 조작을 배우며 테스트를 병행하게 되면 판단이 늦어지고 돌발 상황에서 대응이 매끄럽지 못하다. 이러한 이유로 나는 시운전 구간에서는 작업자가 기계 밖을 불필요하게 벗어나는 일이 없도록 통제하고, 내부 점검이 필요할 때에는 모든 에너지원의 차단을 최우선 원칙으로 삼았다. 위험은 대부분 "잠깐이면 되겠지"라는 순간에 깃든다.

가동 초기에는 보호장치의 신뢰도가 낮다

시운전 단계에서 또 하나의 특징은 안전장치가 '완성형'이 아니라는 점이다. 많은 기업에서 안전은 주로 본가동 단계에서 강화되고 초기는 기능 점검에 집중하는 경우가 있다. 하지간 필수 보호 장치가 미완성인 상태에서 기계를 돌리면 작은 오작동도 중대 사고로 번질 수 있다. 특히 구동 설비는 회전력과 운동 에너지가 크기 때문에 조그마한 이물질이나 볼트 하나가 치명적인 사고로 이어진다. 실제 산업재해 통계에서도 시운전 중 사고는 가동 중 사고보다 빈도가 낮지만 치명도는 훨씬 높게 나타난다.

대형 컨베이어 시운전이 대표적이다. 컨베이어는 단순한 이송 장비처럼 보이지만 벨트 트래킹, 장력, 룰러 회전 불량, 모터 진동, 과열 여부 등 체크해야 할 요소가 적지 않다. 설비 전체가 하나의 유기체처럼 움직이기 때문에 어느 한 부분의 설치가 잘못되면 비틀림이나 역주행이 발생하며 그대로 근로자를 빨아들이는 끼임 사고가 일어날 수 있다. 그럼에도 일부 현장에서는 초기 연결부 점검, 전기 배선 검증, 센서 작동 확인을 생략하거나 축약하는 경우가 있다. 시운전 단계는 생략된 항목을 가장 많이 유발하는 구간이기 때문에 '더 꼼꼼한 점검'이 아니라 '평소보다 두 배 이상 엄격한 점검'이 필요하다.

시운전 안전은 결국 절차 준수와 비상 대응으로 완성된다

시운전에 참여하는 모든 작업자는 비상 절차를 숙지하고 있어야 한다. 비상 정지 버튼이 작동하는지, 즉각 정지 후 설비가 안전한 상태로 전환되는지, 돌발 상황을 가정했을 때 근로자들이 어떤 순서로 움직이는지까지 실제로 확인해야 한다. 비상 절차는 평소에는 장식처럼 보이지만 시운전 중에는 실질적인 생명줄이 된다. 나는 시운전이 진행되는 동안 '결과표'를 작성하도록 했고, 설비의 반응과 조정 사항을 기록해 이후 문제 발생 시 참고 자료로 활용할 수 있도록 했다. 시운전 기록은 단순 보고용이 아니라 위험을 예측하는 데이터이며, 나중에 같은 실수를 반복하지 않게 만드는 안전 설계의 토대다.

더 중요한 것은 시운전이 끝날 때까지 절차를 절대 축소하지 않는 것이다. 장비가 잘 작동하는 모습이 반복되면 긴장이 풀리기 쉽고, 위험 신호가 작아 보이면 경계를 늦추고 싶어진다. 하지만 시운전은 '마지막 고비가 가장 위험한 단계'다. 장비가 익숙해질수록 사고는 방심 속에서 일어난다.

『산업안전관리 핵심 Point!』

1. 시운전은 기술적 결함과 조작 미숙이 겹치는 공정이다.
2. 보호장치가 완성되지 않은 상태에서 기계를 돌리는 과정이기 때문에 초기에 사고 치명도가 커진다.
3. 비상 절차 숙지와 기록 관리가 시운전 안전의 최종 방패이다.

정리정돈 단계에서도 사고가 날 수 있다.

생산 라인이나 공정이 마무리되면 조직마다 자연스럽게 정리 단계가 시작된다. 제조업에서는 설비 주변을 비우고 도구를 회수하며, 물류업에서는 재고를 재정렬하고 바닥을 정리하고, 연구시설에서는 시약과 장비를 원위치로 복귀시키며 기록을 정돈한다. 산업의 종류는 달라도 정리 과정에서 위험이 증가하는 흐름은 놀랄 만큼 닮아 있다.

내 경험을 돌이켜보면 주요 작업이 끝나 마음이 느슨해지는 시기, 바로 이때가 사고가 가장 많이 발생하는 순간이었다. 정리, 운반, 폐기라는 단순해 보이는 작업은 사실 매우 많은 이동과 들기, 모으기, 해체, 재배치가 포함된 고위험 활동이다. 작업량은 줄어들지만 위험은 줄지 않고, 오히려 새로운 형태로 등장한다는 점이 문제다. 산업안전보건법과 ISO 45001도 업무 종료와 정리 단계를 명확한 관리 대상으로 규정하고 있다. 최근에는 기업의 안전보건 경영 평가에서도 이 정리 단계의 위험 통제가 중요한 판단 지표로 다뤄지고 있다. 즉 정리는 결코 부수적인 활동이 아니라 산업안전의 마지막 책임이다.

인력운반은 모든 산업에서 발생하는 고위험 작업이다

정리 과정에서 가장 빈번하면서도 위험한 활동은 인력운반이다.

이는 어느 특정 업종의 이야기가 아니다. 제조, 물류, 서비스, 에너지, 연구소 등 대부분의 산업공간에서 반복적으로 이루어지는 대표적 위험작업이다.

나는 여러 산업현장에서 인력운반 중 사고를 수없이 확인했다. 서둘러 장비를 옮기다가 허리를 다친 직원도 있었고, 금속 박스를 혼자 들다 손가락이 끼인 사례도 있었으며, 반복적인 중량 작업으로 어깨에 갑자기 힘이 빠져 물체를 떨어뜨린 경우도 있었다. 공통적인 원인은 "자신의 능력을 넘는 무게를 기준 없이 들었다"는 점이었다.

근골격계 부담작업 지침에서도 개인별 신체능력과 적정 중량 설정을 기본 원칙으로 규정하고 있으며, 사업장은 반드시 사전 교육과 표준 동작 훈련을 제공해야 한다고 강조한다. 정리 단계의 안전을 높이기 위해서는 몇 가지 기준이 반드시 필요하다. 작업자가 감당할 수 있는 중량을 명확히 구분하고, 기준을 초과하는 물품은 2인 이상 또는 장비를 활용해 옮기는 절차가 필수다. 또한 작업 전 간단한 스트레칭과 컨디션 체크를 포함한 일일 브리핑은 매우 효과적이다. 이 세 가지를 꾸준히 지킨 조직의 정리 단계 사고율은 실제로 절반 이하로 떨어졌다.

정리는 단순한 마무리가 아니라 안전의 마지막 책임이다

현장에서 나는 가능하면 기계운반을 우선하라고 늘 강조했다. 지게차, 파레트, 카트, 리프트, 전동운반 장비 등은 사람보다 훨씬 안정적인 방법이다. 그러나 현실적으로 모든 상황에서 기계운반이 가능한 것은 아니다. 좁은 통로, 가벼운 소형 물품, 장비 반입이 어려운 구역 등에서는 결국 사람이 직접 옮겨야 한다. 그래서 나는 인력운반을 금지하는 대신 표준화된 인력운반 교육을 중요하게 여겼다. 들기, 내리기, 전달하기, 협동운반 등 기본 동작만 정확히 익혀도 사고 위험은 현저히 감소한다.

정리 단계의 위험은 작업이 아니라 사람의 인식에서 더 많이 비롯된다. 업무량이 줄어드는 만큼 경계심도 함께 낮아지고, 관리자의 관심 또한 줄어드는 경향이 있다. 산업안전 전문가들이 "정리 단계는 감소한 위험이 아니라 변형된 위험을 다루는 과정"이라고 말하는 이유가 여기에 있다. 마무리에 들어가는 작업일수록 안전 절차는 오히려 더욱 단단해야 한다. 정리를 허술하게 처리하는 조직은 마지막에 가장 큰 사고를 겪고, 정리까지 절차를 지키는 조직은 끝까지 안전을 지킨다. 정리는 그저 청소가 아니라 안전의 마지막 관문이다.

『산업안전관리 핵심 Point!』

1. 정리 단계는 위험이 줄어드는 시기가 아니라 새로운 형태로 바뀌어 나타나는 구간임을 잊지 않는다.
2. 인력운반은 전 산업에서 가장 흔한 재해원인이므로 중량 기준과 표준 동작 교육을 반드시 선행한다.
3. 기계운반을 우선 적용하고, 인력운반은 협동과 동작 훈련을 기준으로 운영한다.

무재해 달성 기준일을 365일로 한 경우가 많았고, 400일, 800일 등 의미를 부여해서 기준을 세운적도 있었다. 카운트다운은 단순한 숫자 세기가 아니라 서로의 책임감을 매일 확인하는 의식에 가까웠다. 카운트다운의 마지막 날 밤, 나는 긴 회고의 시간을 보내는 습관이 있다. 오랜 기간 현장을 이끌며 내 언행이 실제로 사고 예방에 충분히 기여했는지, 그리고 내가 가르친 원칙들이 현장에서 살아 움직였는지를 하나하나 되짚어본다.

안전을 전담하는 사람이라면 누구든 경험하는 일이지만, '추상적 말'은 사고를 막지 못한다. 그래서 나는 작은 개선도 구체적 실행 계획으로 전환해 관리감독자와 주고받았다. 현장에서 흔히 들리는 "개선하겠습니다", "보완하겠습니다", "철저히하겠습니다"는말은사실상 속 빈 강정과 같이 아무런 의미가 없다는 것을 누구보다 잘 알고 있었기 때문이다. 언제까지, 무엇을, 어떤 방식으로, 어떤 기준으로 개선할 것인지 명확하게 정의해야 실제 변화가 일어난다. 이것은 산업 전반에서 공통적으로 확인되는 안전관리의 핵심 원칙이다.

위험을 통제하는 조직문화가 만들어낸 결과

관리감독자의 제안이나 지적이 있을 때에도 나는 같은 방식으로 대응했다. 매뉴얼적이거나 교과서에 나올 법만한 대답을 기대하는 대신 실질적 대책을 요구했고, 개선 후에는 반드시 현장을 확인했다. 이런 상호작용이 반복되면서 조직 전체의 의사소통 방식이 달라졌다. 작업자들은 안전활동을 더 이상 '부가 업무'로 여기지 않았고, 공정, 점검, 장비 검토뿐 아니라 위험성평가와 같은 참여형 활동에도 자연스럽게 스며들었다.

이런 변화는 특정 산업군에서만 나타나는 현상이 아니다. 제조든, 에너지 설비든, 물류든, 연구개발 조직이든, '사고가 나지 않는 조직'은 공통적으로 안전을 하나의 기능이 아니라 조직문화로 받아들이기 시작할 때 탄생한다. 무재해는 단지 사건이 없었다는 의미가 아니라, 구성원들이 위험을 발견하고 공유하고 개선하는 행동을 일상화했다는 증거이다.

무재해 달성 이후의 진짜 과제

무재해의 성취감은 달콤하지만, 가장 위험한 순간도 바로 이때다. 오랜 기간 함께 고생한 관리감독자들은 '이제는 좀 편하게 해도 괜찮지 않을까'라는 안도감을 드러내기도 한다. 그러나 경험상 무재해 이후 가장 먼저 무너지는 것은 '기준의 일관성'이다.

조직은 자만하거나 루틴을 생략하는 순간부터 위험에 노출된다. 특히 산업안전보건법 기반의 위험성평가, 작업중지권, 표준작업절차(SOP)

등과 같은 제도적 장치는 프로젝트가 끝난다 해서 자연스럽게 유지되지 않는다. 지속적 점검, 교육, 내부 감사가 뒷받침되지 않으면 무재해 달성은 과거의 기록으로만 남는다.

안전은 상승 곡선이 아니라 유지 곡선이다. 꾸준히 잡아주지 않으면 떨어진다. 그래서 나는 마지막 날에도 처음과 같은 긴장감으로 현장을 돌았고, 이후에도 사람들에게 같은 말로 인사를 건넸다.

"무재해는 끝이 아니라, 다음 사고를 막기 위한 당신들의 첫 번째 자산입니다."

『산업안전관리 핵심 Point!』

1. 무재해는 사고가 없었다는 결과가 아니라, 위험을 매일 통제한 조직문화의 총합이다.
2. 추상적 표현은 위험을 줄이지 못하므로 모든 개선은 기한과 기준이 명확해야 한다.
3. 자만은 무재해 직후부터 싹트므로, 성취보다 일관성 유지가 더 중요하다.
4. 법과 제도 기반의 안전관리 체계는 프로젝트 종료와 무관하게 지속 가능한 구조로 유지해야 한다.

관공서나 기업에서 강의 요청을 받으면 나는 늘 '안전의 역사'를 가장 먼저 소개한다. 지금 우리가 당연하게 여기는 안전 규칙들이 어떤 희생과 문제를 겪으며 만들어졌는지 이해하면 규칙 준수의 필요성이 자연스럽게 자리 잡기 때문이다. 안전의 흐름을 되짚는 과정은 위험을 인식하고 판단하는 능력을 키우는 데에도 도움을 준다. 더 나아가 기술과 사회 변화 속에서 새로운 위험이 어떻게 등장했는지도 살필 수 있다. 결국 안전의 역사는 생명과 공동체를 지키기 위한 바른 행동을 배우는 출발점이라고 나는 항상 생각한다.

우리 산업안전의 역사와 조직문화의 자리

대한민국 산업안전 문화가 지금의 모습을 갖추기까지는 긴 시간이 필요하지 않았다. 1950년대에 이르러서야 체계적인 안전조직이 설립되었고, 1960년대 후반부터 산업재해보상 제도가 본격적으로 정착되기 시작했다. 1980년대 들어 산업안전보건체계가 비로소 틀을 갖추면서 국가 차원의 안전관리 인프라가 마련되었다. 이후 1980

년 전문기관의 설립으로 기업은 기술적 지원을 받을 수 있게 되었고, 최근에는 중대재해처벌법 시행을 통해 경영책임자의 안전 확보 의무가 한층 강화되었다. 법과 제도, 감독정책은 꾸준히 발전해 왔다.

그러나 이런 제도가 아무리 진전한다 해도 가장 늦게 성숙하는 영역은 늘 '조직문화'다. 법과 기술은 강제로 정착시킬 수 있지만, 문화는 다르다. 현장에서 근로자가 감지하는 미세한 진동, 탱크 주변의 냄새 변화, 프레스 슬라이드 제동거리의 증가 같은 작은 신호는 법 조문보다 훨씬 앞서 위험을 알려준다. 이런 신호가 조직 안에서 어떻게 다뤄지는지가 안전의 성패를 가른다. 문화가 건강한 조직에서는 이 작은 변화가 결코 가볍게 취급되지 않는다. 근로자는 주저 없이 말하고, 관리자는 귀 기울이며, 경영자는 이를 뒷받침하는 환경을 제도적으로 마련한다. 안전제도는 이런 문화 위에서야 비로소 실효성을 갖는다.

조직문화가 안전을 움직이는 힘이다.

현장에서 끊임없이 안전관리를 하고 수많은 설비를 점검해 오며 내가 가장 크게 깨달은 점은, 안전이 기술이나 장비보다 조직문화가 움직일 때 비로소 현실이 된다는 사실이었다. 설비의 재질과 구조, 정비 주기와 교체 계획, 최신 진단기술의 도입은 안전의 기반이지만, 이를 실제로 작동시키는 것은 결국 사람의 마음가짐과 조직의 태도였다. 안전을 그저 보고서의 항목으로 관리하는 조직은 시간이 흘러도 달라지지 않는다.

반면 근로자가 스스로 기준을 지키고, 관리자가 그 노력을 존중하며, 경영자가 이 흐름을 흔들림 없이 지켜내는 조직은 같은 설비를 두고도 완전히 다른 결과를 만들어낸다.

나는 다양한 사업장과 공사 현장을 다니며 이런 문화가 사고의 발생 여부를 좌우하는 순간을 여러 차례 목격했다. 특히 한 사업장은 오래된 배관망과 노후 압력용기를 운영하고 있었지만, 근로자들은 매일 아침 점검 내용을 공유하며 위험 신호를 자연스럽게 대화의 주제로 삼았다. 누유 흔적이 아주 작게라도 보이면 숨기지 않고 즉시 보고했고, 관리자는 "괜찮다"는 말부터 하지 않았다. 우려를 제기한 근로자의 관찰을 먼저 인정하고, 조치 계획을 함께 논의했다. 이런 조직에서는 작은 결함이 큰 사고로 번질 가능성이 현저히 줄어든다. 나는 현장에서 오래되고 낡은 설비의 위험이 기술적 결함보다 '그 신호를 어떻게 받아들이는가'라는 문화에서 더 크게 자란다는 사실을 직접 확인해 왔다.

설비 관리의 성패는 결국 조직문화에서 결정된다

노후설비가 많은 공장일수록 조직문화의 차이는 유난히 또렷하게 드러난다. 어떤 사업장은 설비의 사용연한이 오래됐어도 사고 없이 안정적으로 가동되지만, 다른 사업장은 최신 설비를 갖추고도 사고가 반복된다. 이 차이를 만드는 요소는 기술이 아니라 문화다. 점검이 형식적으로 이뤄지고 근로자의 보고가 부담으로 취급되며 경영층이 안전보다 생산일정을 우선하면 노후설비는 언제든 위험으로 변한다. 이때 위험은 설비의 부식이나 균열보다 더 빠르게 누적되고, 결과는 대부분 치명적이다.

반면 건강한 안전문화가 자리 잡은 조직은 다르다. 설비의 결함을 숨기지 않고 공유하며, 점검 결과를 투명하게 기록하고, 설비의 수명과 상태를 데이터 기반으로 관리한다. 경영진은 안전투자를 비용이 아닌 필수조건으로 바라보고, 정비와 생산이 명확히 구분된다. 예방정비는 주기적으로 시행되고 근로자 간 상호 신뢰가 유지된다. 이런 조직에서는 노후설비가 단순한 위험요소가 아니라 '관리 가능한 리스크'로 바뀐다. 위험을 통제하는 힘은 기술에서 출발하지만, 지속성을 부여하는 것은 결국 문화다.

우리가 다시 세워야 할 안전의 기준

대한민국 산업현장의 안전 수준을 근본적으로 끌어올리기 위해서는 기술적 발전과 제도적 정비가 필요하다. 그러나 그보다 앞서 조직문화가 바뀌어야 한다. 내가 현장에서 배운 가장 중요한 사실은, 안전이 문서나 절차가 아니라 사람을 중심에 둘 때 비로소 생명력을 갖는다는 점이다. 노후설비 관리의 성패 역시 그 문화의 진정성에 따라 달라진다. 아무리 훌륭한 설비라도 이를 운영하는 조직문화가 낡아 있다면 위험은 결국 누적될 수밖에 없다.

우리는 생산을 위한 설비를 관리하지만, 그 본질은 사람을 지키기 위해 설비를 관리하는 데 있다. 이 단순하고도 본질적인 원칙이 지켜지는 조직에서만 안전은 오래 지속된다. 그리고 이 원칙을 조직 전체가 함께 실천할 때 우리 산업의 미래는 더욱 견고해진다. 안전은 누구 한 사람이 맡을 수 있는 역할이 아니라 모두가 함께 지켜야 하는 공동의 약속이기 때문이다. 그래서 나는 오늘도 근로자들과 함께 외친다.

"위험을 보는 것이! 안전의 시작이다!"

SAFETY-CODE

─── 인용 및 참고문헌 ───

본 도서의 내용은 작가의 실제 사례 중심으로 집필하였고, 이해도 향상 및 배경 지식 확보를 위하여 아래 문헌들을 참고하였음.

Ⅰ. 국내 단행본

노정진 (2025) 안전병법 / 이비락

정진우 (2023) 산업안전관리론 이론과 실제 / 중앙경제사

조성주 외 (2025) 현장 중심 산업(건설)안전과 중대재해 전략적 대응 / 생각나눔

황정웅 (2021) 기업의 안전보건경영시스템 이론과 실무 가이드 / 청년의사

기도형 외 (2025) 산업안전보건관리자를 위한 인간공학/ 한경사

Ⅱ. 국외 단행본 및 논문

Reason, J (1990) Human Error / Cambridge University Press

Reason, J (1990) Managing the Risks of Organizational Accidents / Routledge

Wilde, G.J.S (1994) Target Risk: Dealing with the Danger of Death, Disease and Damage in Everyday Decision-making / PDE Publications

Wilde, G.J.S (2001) Target Risk 2: A New Psychology of Safety and Health / PDE Publications

Reason, J (1990/1991) Human Error / Cambridge University Press

Reason, J (1990/2016) Managing the Risks of Organizational Accidents / Routledge

Reason, J (2013) A Life in Error: From Little Slips to Big Disasters / Ashgate

Baniela, S.I (2010) The Risk Homeostasis Theory / Journal of Navigation

Flyvbjerg, B (2013) From Nobel Prize to Project Management: Getting Risks Right / Project Management Journal

Ⅲ. 표준 및 가이드라인

ISO (2018) ISO 45001:2018 Occupational health and safety management systems - Requirements with guidance for use

감사드리는 분

신입시절부터 중역이 된 지금까지 나에게 힘이 되고 멘토가 되었던
모든 포스코그룹사 선후배님과 동기들에게 이 책을 바칩니다.